降落伞上为什么有洞？

藏在外表下的科学 ②

韩国Old Stairs编辑部 著 胡梅丽 等译

电子工业出版社
Publishing House of Electronics Industry
北京·BEIJING

目录

发现隐藏在物品外表下的科学知识!

01	井盖为什么是圆形的?	004
02	蜂巢里的小房间为什么是六边形的?	006
03	爆米花为什么是这种形状?	008
04	泡沫塑料为什么是由小颗粒聚集而成的?	010
05	大便的形状为什么有这么多种?	015
06	斑马为什么有条纹?	019
07	化石为什么呈人形?	023
08	炸薯条为什么是细长条的?	028
09	为什么镜子里自己的脸和照片中的脸看起来不同?	030
10	色盲测试图为什么是这样的?	033
11	公共卫生间的隔断和门为什么有缝隙?	036
12	铁蒺藜为什么是三棱锥的样子?	037
13	消波块为什么长这样?	039
14	美工刀的刀刃上为什么有槽?	042
15	牙齿形状为什么不同?	043
16	智齿为什么长得奇形怪状?	045
17	软膏的盖子为什么是这样的?	047
18	隐形眼镜为什么和黑眼球的大小差不多?	048
19	冰柱为什么会倒过来生长?	052
20	机器人为什么做得像动物一样?	056
21	番茄酱瓶盖和蛋黄酱瓶盖为什么不同?	058
22	牛奶包装盒为什么长这样?	060
23	为什么每一种口罩的样子都不同?	068
24	蛇的舌头为什么裂成两股?	076
25	人的眼白为什么这么明显?	079
26	为什么在食物上淋泡沫?	082
27	无人机的机翼为什么有这么多种?	086
28	为什么每个人手的样子都不同?	091
29	为什么不同大小的雨滴形状不同?	094
30	帆的样子为什么不同?	096
31	韩国的插座为什么是这种形状?	099
32	韩国有的插头为什么是直角形的?	103
33	韩国有些插座孔为什么旋转45度?	105
34	脸为什么长这样?	107
35	大多数动物的身体为什么左右对称?	115
36	自行车头盔的形状为什么这么奇怪?	118
37	魔术贴的两面为什么样子不同?	121
38	护栏为什么是W字形的?	123
39	年糕汤里的年糕为什么是椭圆形的?	125

40 裁剪工具为什么是楔形的？……………… 127
41 过山车轨道为什么是莫比乌斯带的形状？… 131
42 音乐厅为什么是这种形状？……………… 135
43 汽车前方的铁板为什么是格子状的？…… 139
44 钢琴键盘为什么是这种样子的？………… 142
45 轮胎上为什么有槽？………………………… 145
46 飞机机翼为什么有很多种？………………… 147
47 钱币为什么是这个样子？…………………… 150
48 蜘蛛网为什么长这样？……………………… 156
49 飞机窗户为什么是圆形的？………………… 157
50 打火机里为什么有隔板？…………………… 159
51 蜂窝煤上为什么有洞？……………………… 164
52 微波炉里为什么有旋转托盘？……………… 166
53 磁悬浮列车为什么没有轮子？……………… 168
54 为什么给牛的鼻子上戴鼻环？……………… 173
55 玄武岩上为什么有密密麻麻的小孔？……… 175
56 星星为什么是圆的？………………………… 176
57 电动汽车的电池为什么有很多种样子？…… 178

好奇我为什么长这个样子吗？

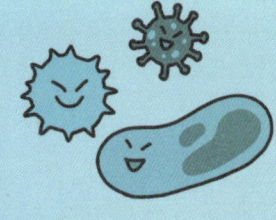

满足你的好奇心！

探寻物品长相背后隐藏的科学原理！

问题 01
井盖为什么是圆形的？

走在路上，你是否有过这样的疑惑？

方形的建筑，

方形的汽车，

方形的砖头，

方形的车道。

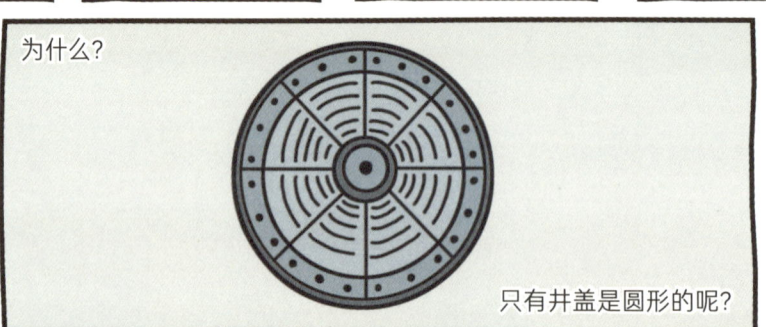

为什么？

只有井盖是圆形的呢？

三角形

或方形，

井盖不是还可以做成很多种形状嘛！

哈哈哈！其实并不是这样的，井盖之所以做成圆形，其中一个原因就是圆形井盖不容易掉到井里。在需要的时候还能打开，方便人们进出。

4

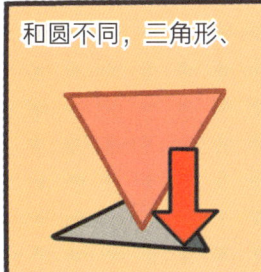

和圆不同，三角形、方形、五边形、六边形等，长或宽比对角线要短，做成井盖的话很容易就会掉到井里！

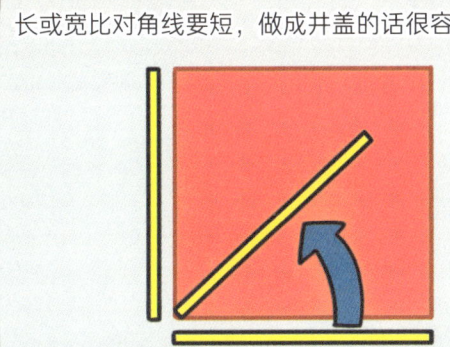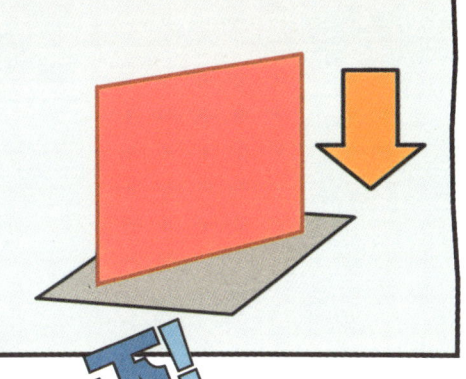

等一下！

古语有云，知其一不知其二！其实，如果不做成圆形，做成定宽曲线图形，盖子也不会掉下去！

没错。如果使用宽度固定的图形——定宽图线图形，盖子也不会掉落。

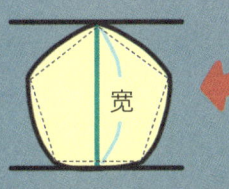

还有一个最大的原因就是费用。

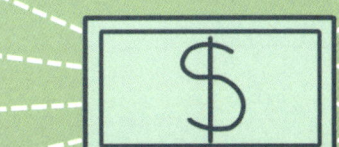

如果井盖不做成圆形，而做成其他形状则需要投入数倍资金。既然能达到同样的目的，为什么要花更多的钱呢？现在你知道井盖做成圆形的原因了吧？

吓我一跳！我都不知道你是谁，原来知其一不知其二的是你啊？

我明明说过了，这是井盖做成圆形的其中一个原因。

问题 02
蜂巢里的小房间为什么是六边形的？

这是一个蜂巢。

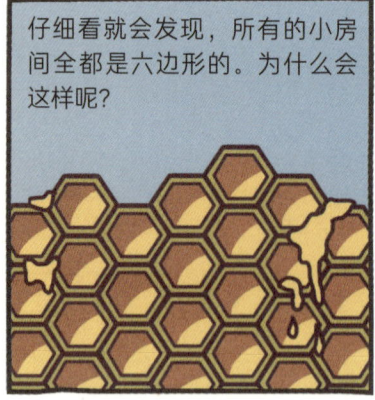

仔细看就会发现，所有的小房间全都是六边形的。为什么会这样呢？

蜜蜂是成群生活的，

所以蜂巢里需要特别多的房间。既要在家里储存蜂蜜，蜂王还需要抚育宝宝，所以要最大限度地利用空间。

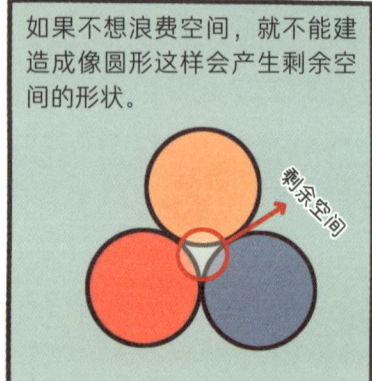

如果不想浪费空间，就不能建造成像圆形这样会产生剩余空间的形状。

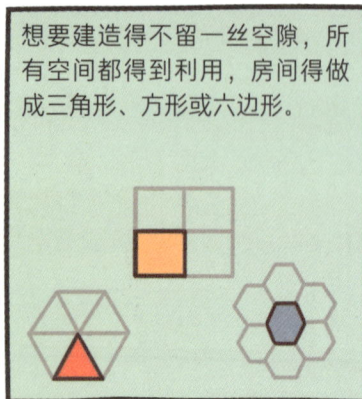

想要建造得不留一丝空隙，所有空间都得到利用，房间得做成三角形、方形或六边形。

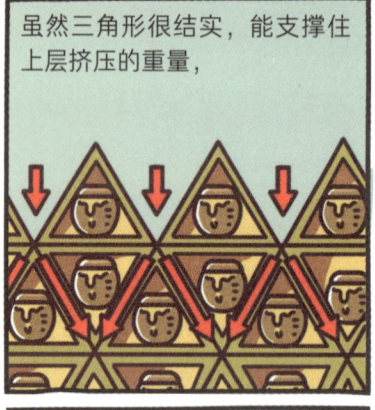

虽然三角形很结实，能支撑住上层挤压的重量，

但是却有一个问题，那就是蜜蜂们进出和生活的空间都非常狭窄。

方形虽然面积大一些，适合蜜蜂生活，

但是却无法承重，容易倒塌！实在太危险了！

如果建成六边形，就能储存蜂巢自身30倍重的蜂蜜，非常结实。

蜂巢这样的六边形结构也会用在对结实度要求比较高的科技产品或建筑中!
下面这些全都是受到蜂巢的启发后制造出来的!

高速列车
人造卫星
冲浪板
汽车轮胎
笔记本电脑
建筑物外墙

了解之后发现,蜜蜂们并不是有意将房子做成六边形的。

谁在说我们?

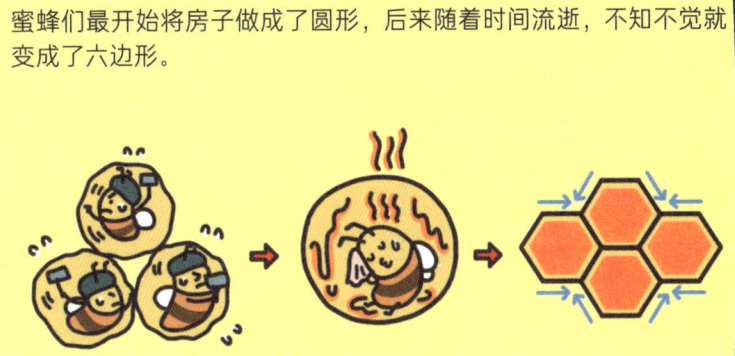

蜜蜂们最开始将房子做成了圆形,后来随着时间流逝,不知不觉就变成了六边形。

什么?你说蜜蜂们并不是因为知道这个原理才故意做成六边形的?

这个嘛,我也不知道。你们以后有机会问一问蜜蜂们吧,如果它们能说话的话,嘿嘿。

问题 03
爆米花为什么是这种形状?

问题 04
泡沫塑料为什么是由小颗粒聚集而成的?

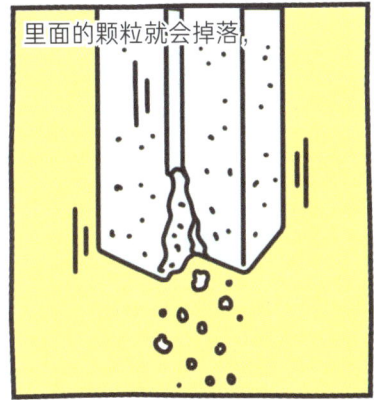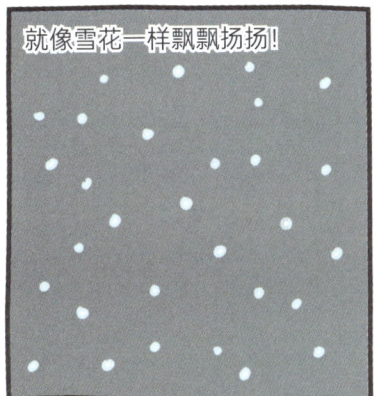

泡沫塑料非常轻，

能阻止物体间的热量传递，

吸收冲击力的能力也很突出。

即使盛液体也不会流出来，

里面的声音也不太会传出去。

所以是杯子、碗、

水果，

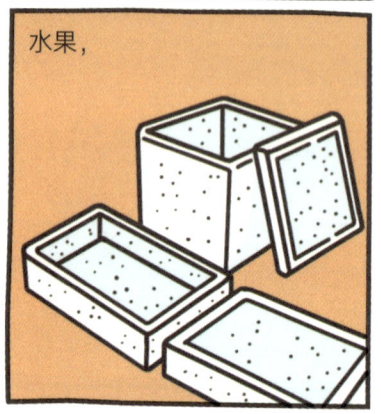

还有电子产品等易碎物品的包装材料，

甚至会用在建筑的墙壁内部、

冷藏箱内部、

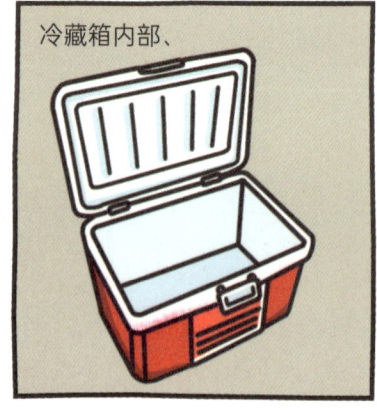

头盔内部等。

泡沫塑料真是多才多艺啊。

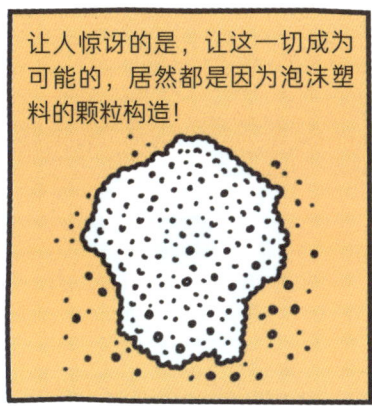

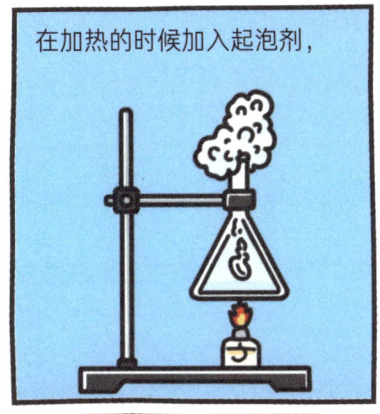
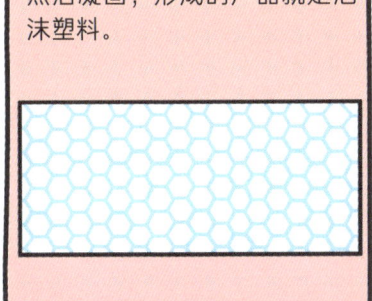

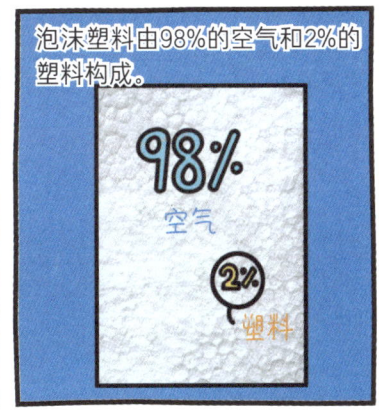

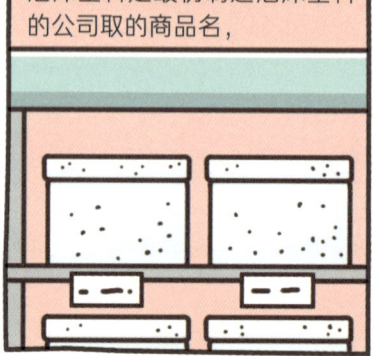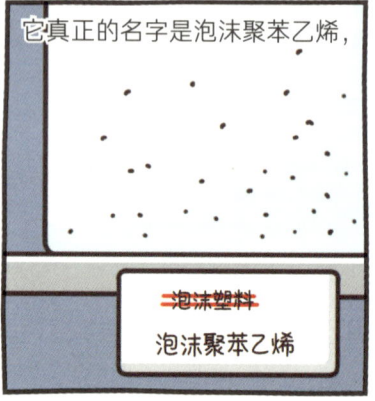

问题 05
大便的形状为什么有这么多种?

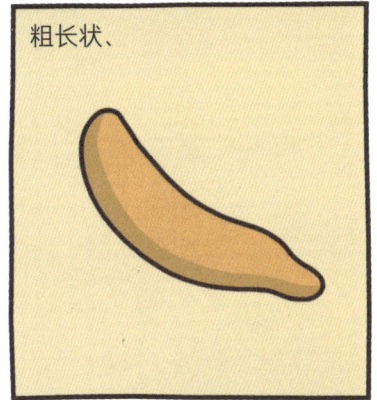

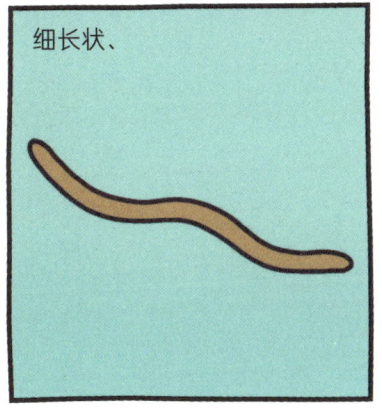

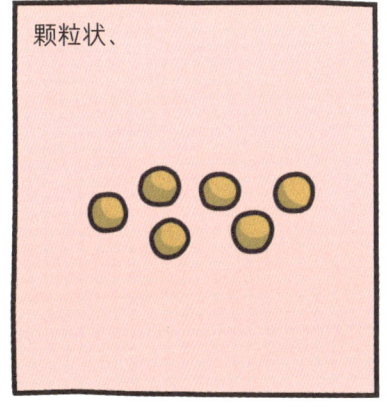

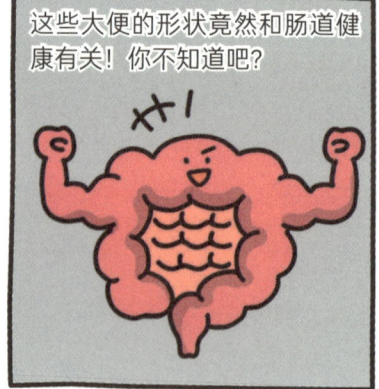

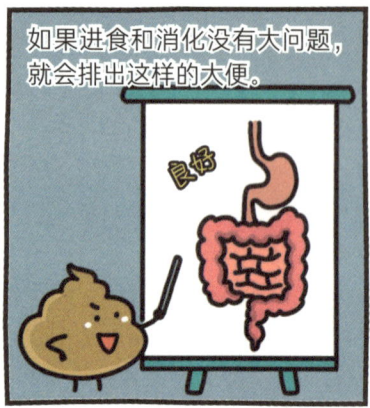

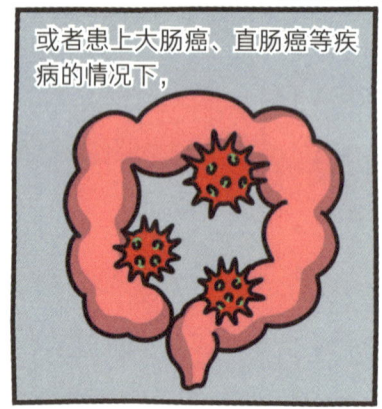

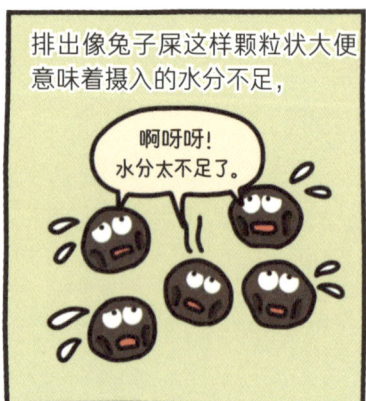

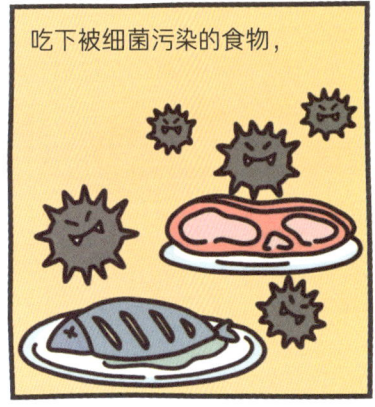

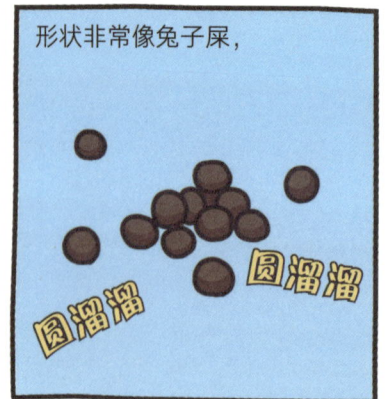

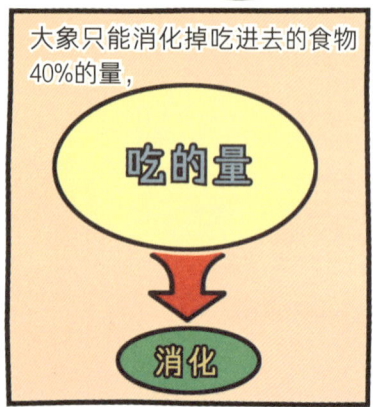

问题 06
斑马为什么有条纹?

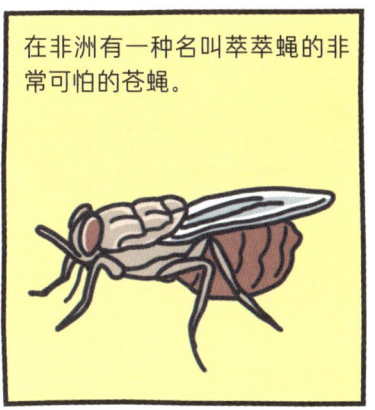
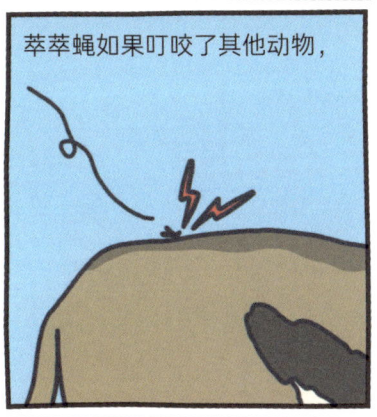

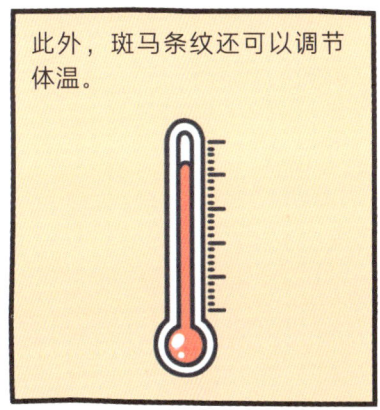

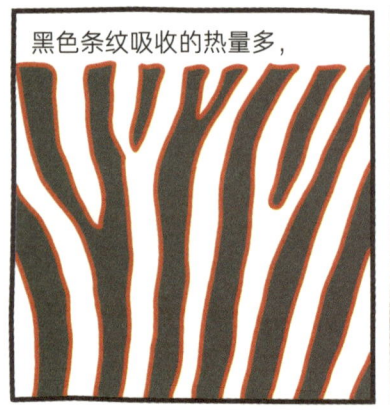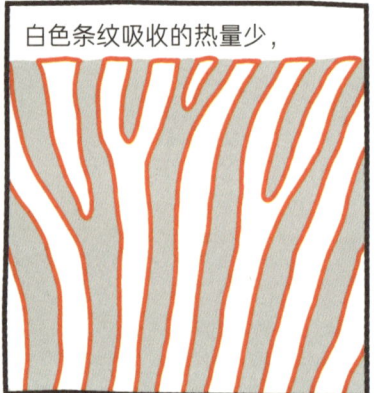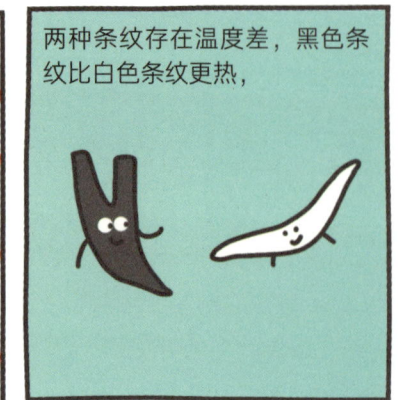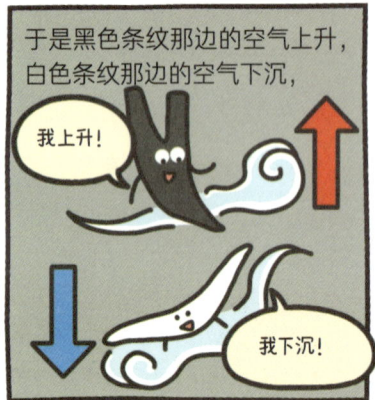

问题 07
化石为什么呈人形?

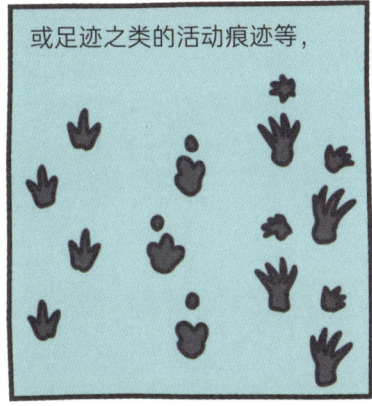
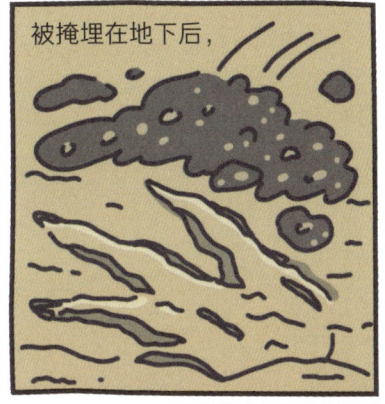

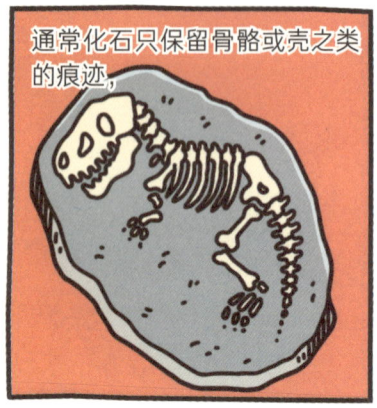
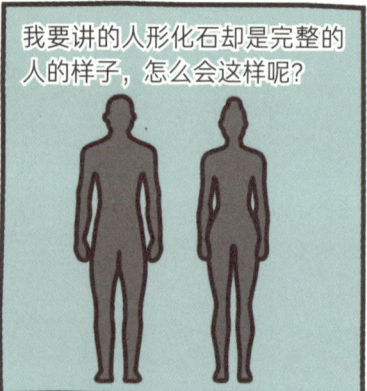

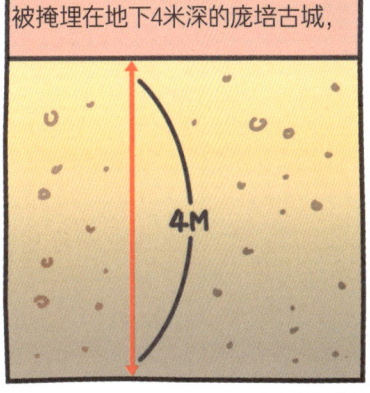

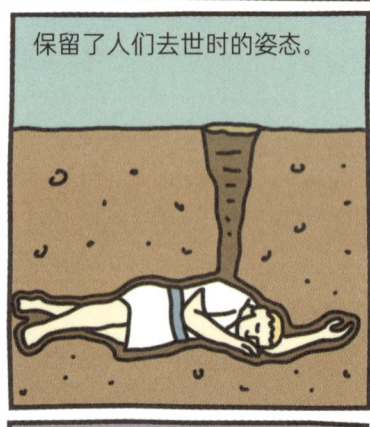
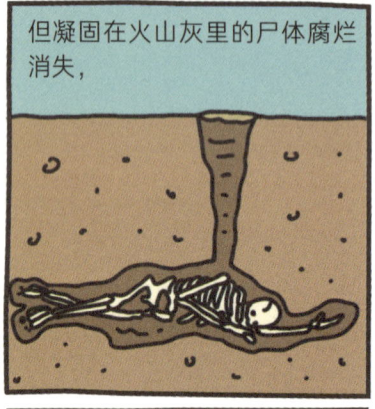

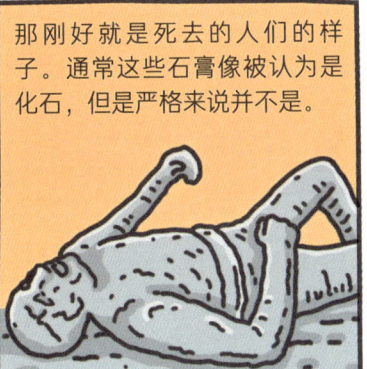

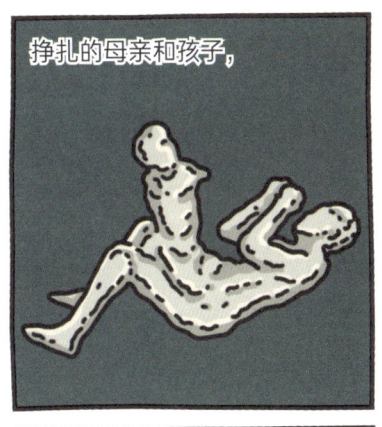

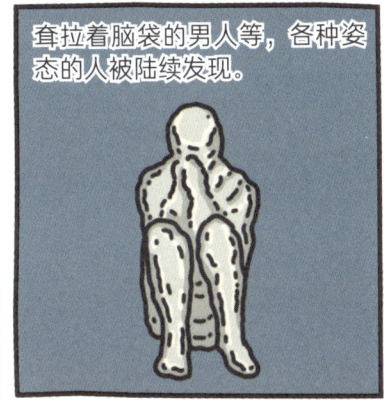
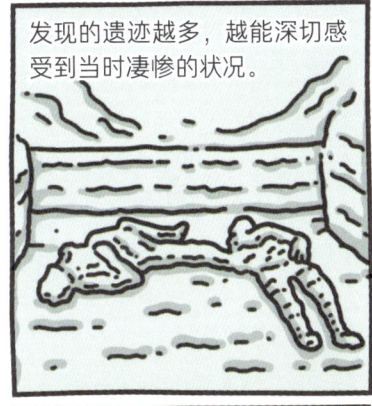

问题 08
炸薯条为什么是细长条的?

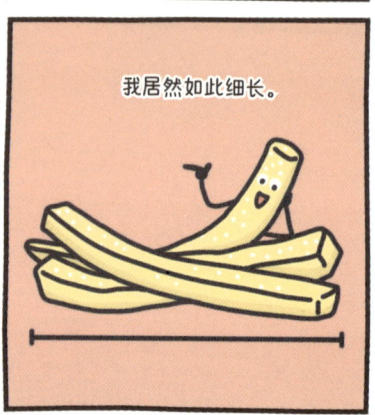

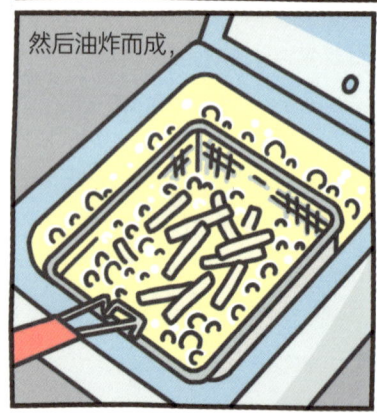

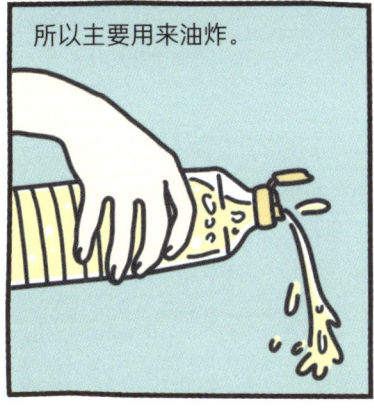

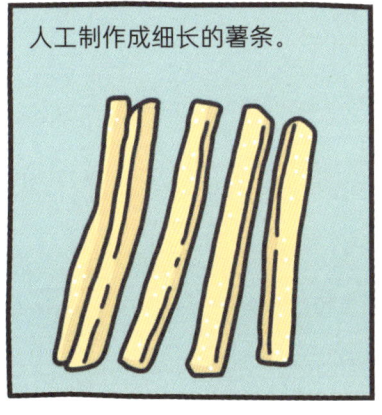

问题 09
为什么镜子里自己的脸和照片中的脸看起来不同?

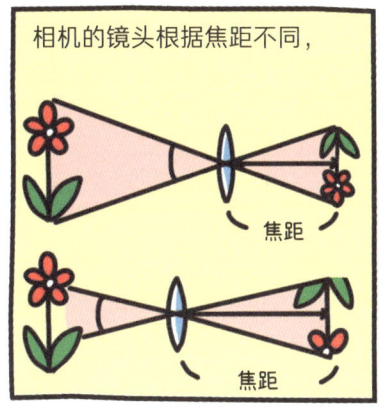

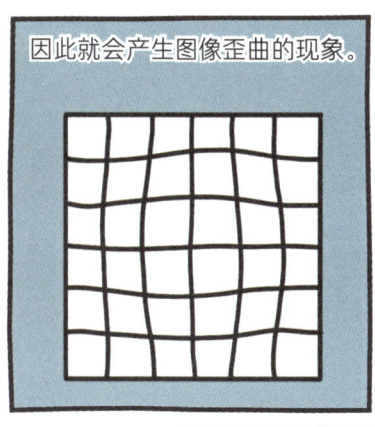

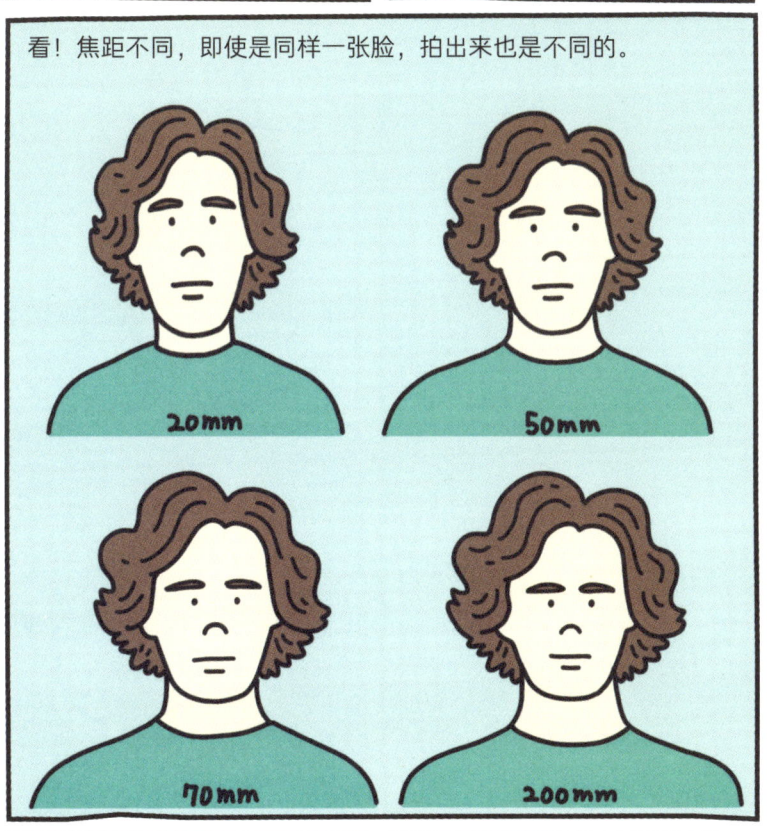

而且我们照镜子时，脸的左右方向与实际是相反的，这并不是别人看自己时看到的样子，只能说是我们自己常常看到的脸。

因为自己的脸只有用像镜子这样能反射光的物体才能看到。

所以我们自然而然地就会熟悉自己已经反过来的脸。

但是相机拍下的脸并不是反过来的，

所以肯定会觉得照片里的自己看起来别扭、奇怪。

幸运的是知道这种差异的人只有非常熟悉自己脸孔的我们自己，

其他人很难感觉到这种差异，

或者即使感觉到了也不认为这是什么太不了的事情。

照片里的自己和镜子里的自己不同是正常的，不用担心！

所以，我的脸就像镜子里看到的一样，一直这么漂亮，对吗？妈妈，你快告诉我是这样的。

问题 10
色盲测试图为什么是这样的?

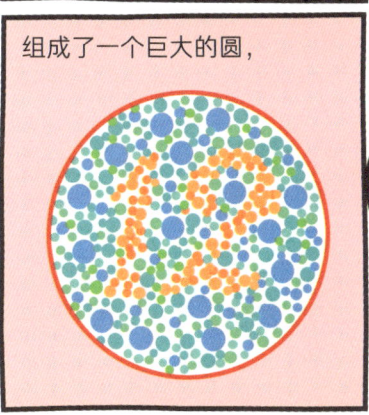

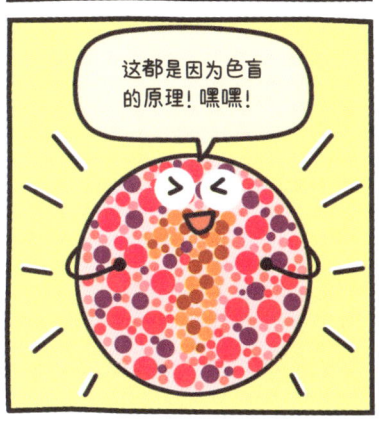

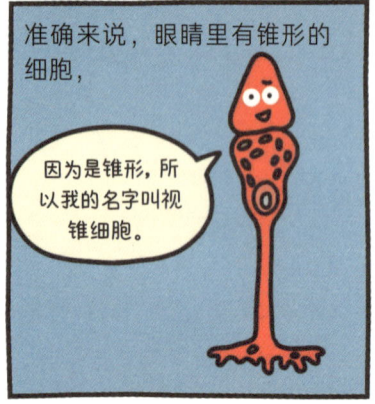
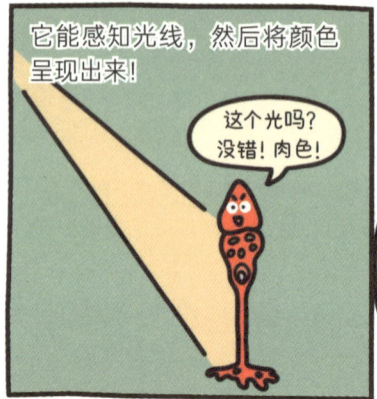
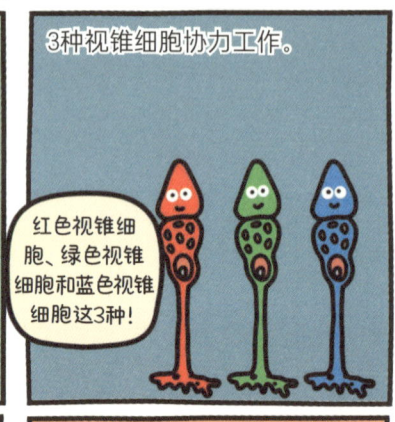

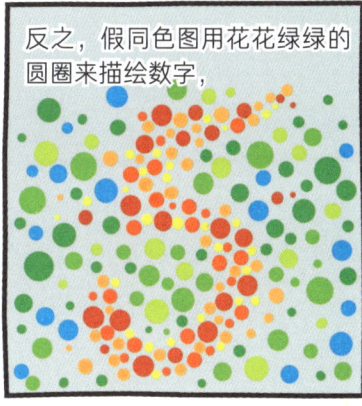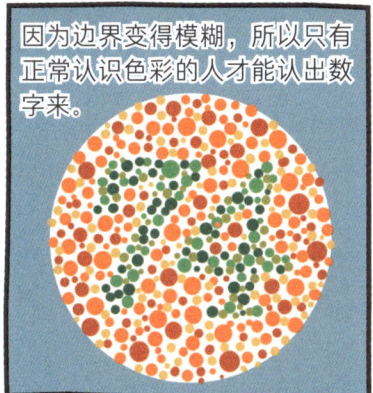

问题 11
公共卫生间的隔断和门为什么有缝隙?

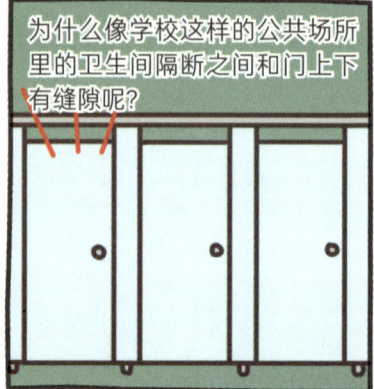

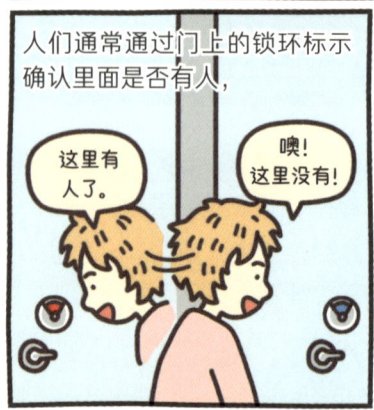

问题 12
铁蒺藜为什么是三棱锥的样子?

我叫铁蒺(jí)藜(lí)。

我是个奇怪的家伙,

哎呀!

通过伤人来达到保护其他人的目的。

得感谢铁蒺藜!它救了我!

你要不要听听我的奇妙故事?

我是能阻止别人移动的防御武器。

从这里开始不能再往前走了。

你说什么?

将我撒在地上,

如果路过的人踩上去,

我就会刺伤那个人的脚底,

啊啊啊啊啊!

让那个人受伤!

好疼!疼死了!

所以从很久以前开始,我就被用于阻止敌人或小偷入侵,

啊!

近年来也被用来扎破逃逸者的汽车轮胎。

我也要受伤了吗?

我越活跃,受伤的人就越多。

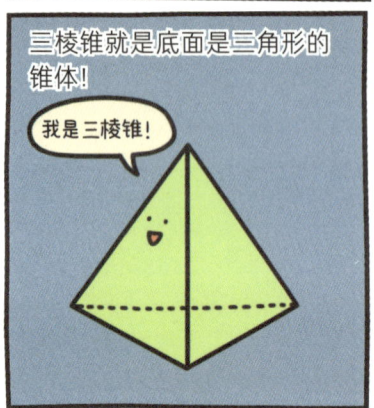

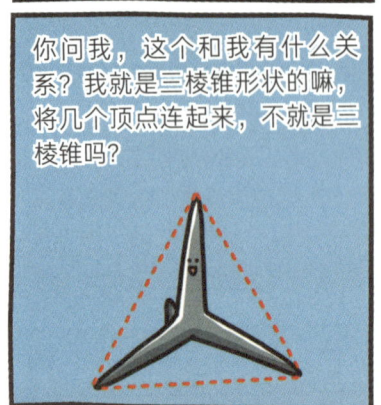

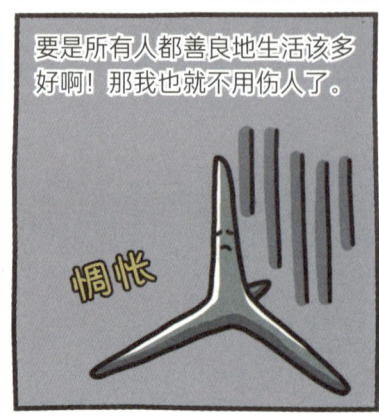

这些被伤害的人是坏人，小偷、超速驾驶者、逃逸者	所以一时间我也糊涂了，不知道是该笑还是该哭。	你知道三棱锥吗？ 三棱锥？
三棱锥就是底面是三角形的锥体！ 我是三棱锥！	三棱锥因为重心很低，非常稳定， 因为重心很低，所以不容易倒！很稳定吧？	所以任何时候，锥顶一直是朝上的。
你问我，这个和我有什么关系？我就是三棱锥形状的嘛，将几个顶点连起来，不就是三棱锥吗？	我不管怎么样都会有三个刺支撑着底部，一个朝向天空。	也就是说，不管怎么样撒到地上，我总有一个刺是向上高高顶起的。
因为剩下三个刺牢牢支撑着，	所以人只要一踩上去，就必然会受伤。 集中注意力！两只眼睛睁大点，好好瞧着！如果踩到就完了！ 是！	要是所有人都善良地生活该多好啊！那我也就不用伤人了。 惆怅

问题 13
消波块为什么长这样?

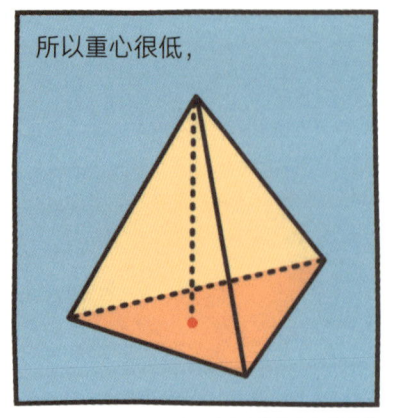

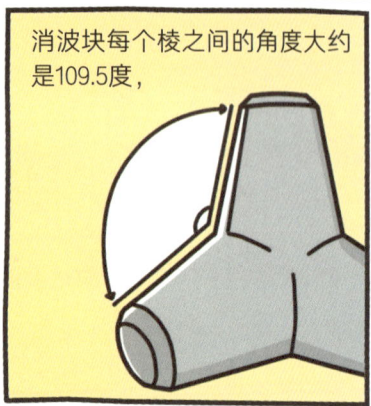

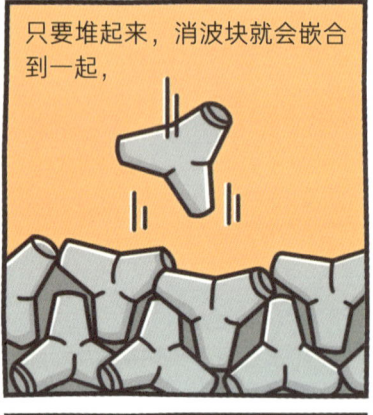

不过为什么是这种形状呢？有点特别！	因为消波块是三棱锥的样子， 像我一样！	所以重心很低，
这样就不会倾斜或倒下，很稳定。	能战胜强波浪，	承受高强度水压。
消波块每个棱之间的角度大约是109.5度，	因此搭建很方便，随便堆起来就行了，没有什么需要特别注意的。 就那样随便堆就行…… 这样也可以吗？	只要堆起来，消波块就会嵌合到一起，
起到彼此制约的效果。 大家哪儿也别想去！就待在这里，一步都不许动！ 我说，你还是管好自己吧！	即便是斜坡也很容易放置，	而且几乎没有发生过消波块掉落出去的事情。 即便是斜坡也一样！ 呼，所以说让你先管好自己！

虽然嵌合的地方也有缝隙，
但仍能有效地挡住海浪，是不是很棒？
太伟大了！消波块真是无敌！简直稳如泰山啊！
不过也并不是无敌的，消波块也曾发生过故障或破碎过。
我一辈子都在奋力阻挡海浪，我再也坚持不下去了。
如果遇到强台风，
要去哪儿呢？
或海啸，
你挡一个试试啊！
消波块也会破碎，
或者掉落出来，在海岸周围被发现。
哎呀呀，这是哪儿？
但是消波块的牺牲，在任何时候都是有价值的，
说不定这是最后一次了。不过我身后的那些人就能活下来了！加油！
因为最终，不论是港口，
港口平安无事！
还是村子里的人们，受到的损害都能减少。
人们也平安无事，所以真是万幸。我现在可以安心闭眼了。
原来是英雄啊！消波块果然是英雄！
也可以这么说，哈哈。

问题 14
美工刀的刀刃上为什么有槽?

问题 15
牙齿形状为什么不同?

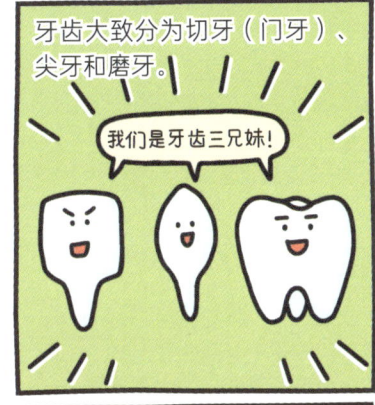

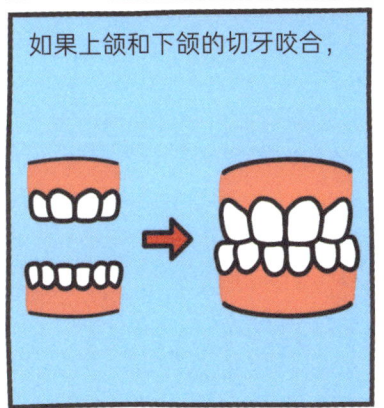

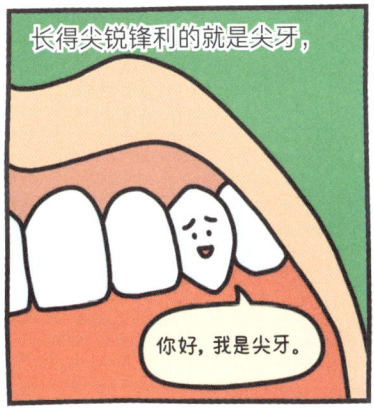

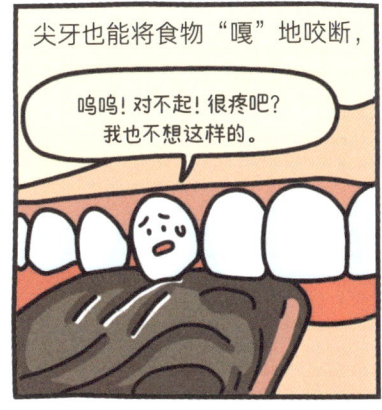

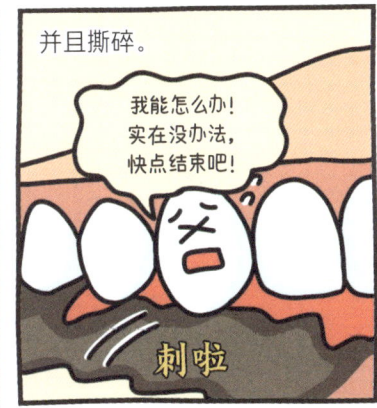

英俊啊！你的牙齿形状很特别呢！

不看！拔牙太疼了！

不过，居然这么不同啊？

那我和你妈妈一起看！哈哈！

英俊啊，你不要讨厌爸爸。

爸爸只是想给你讲讲不同牙齿形状的差异，来听听看吧。

牙齿大致分为切牙（门牙）、尖牙和磨牙。

我们是牙齿三兄妹！

切牙形状像凿子，

我是凿子！用于在木头上钻洞或者修葺(qì)表面。

如果上颌和下颌的切牙咬合，

能将食物咬断。

这就是切牙！

长得尖锐锋利的就是尖牙，

你好，我是尖牙。

尖牙也能将食物"嘎"地咬断，

呜呜！对不起！很疼吧？我也不想这样的。

并且撕碎。

我能怎么办！实在没办法，快点结束吧！

刺啦

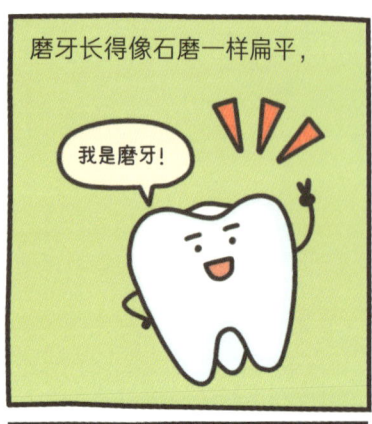

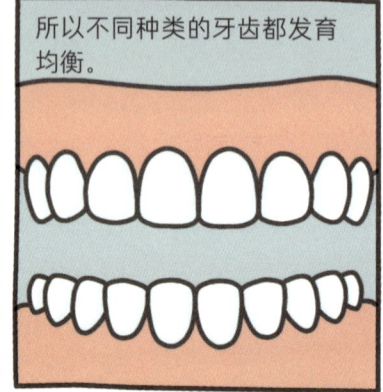

磨牙长得像石磨一样扁平， 我是磨牙！	就像转动石磨那样，	两颗磨牙碰撞，能将食物碾碎。 碾碎食物要靠我！
人类是杂食动物，既吃肉也吃植物， 没有什么是我不能吃的！我要全吃光！	所以不同种类的牙齿都发育均衡。	但肉食动物需要撕咬、咀嚼有韧性的生肉，
所以它们的尖牙发育得大且尖锐。	反之，草食动物吃植物，	所以切牙扁平、结实，能将植物很好地咬断，
磨牙为了更好地碾碎植物，表面坑坑洼洼的。	神奇吧？牙齿的形状和作用都不同，所以不同种类的动物，牙齿的特征也不同！	真神奇啊！ 呼呼

问题 16
智齿为什么长得奇形怪状？

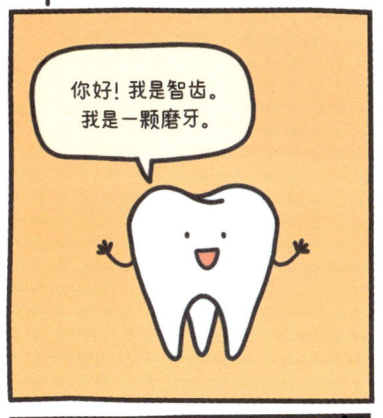

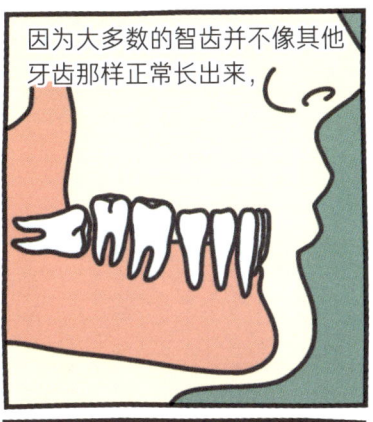

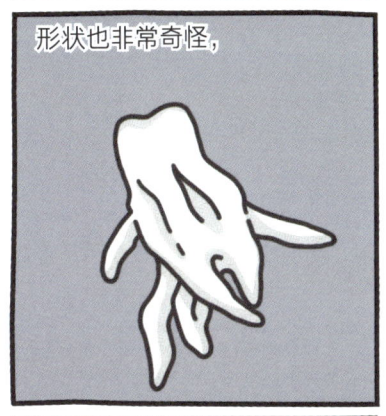

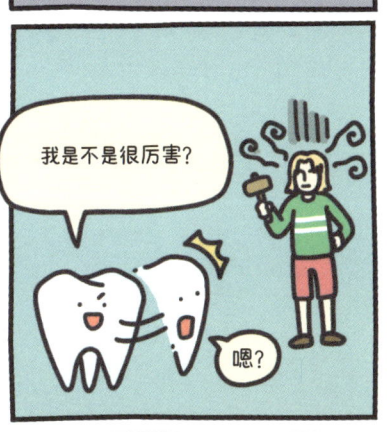

你好！我是智齿。我是一颗磨牙。

智齿通常在青春期后期17～25岁时开始生长，

有时也会让人心烦意乱。

因为大多数的智齿并不像其他牙齿那样正常长出来，

形状也非常奇怪，

所以大部分长智齿的人都会备受疼痛折磨。

啊啊啊啊！

拔掉智齿可以消除疼痛。

我拔掉智齿之后就好了。

我是不是很厉害？

嗯？

智齿在哪？我要拔掉！

快要疼死我了！都是因为你！

可是我也没办法。

你就不应该出现在这个世界上！

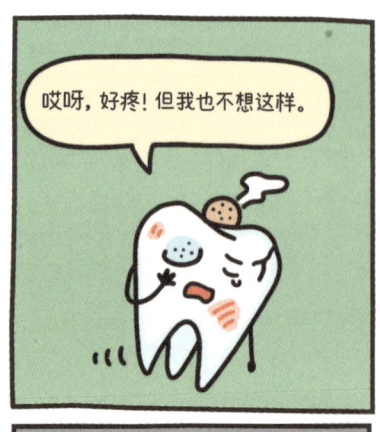

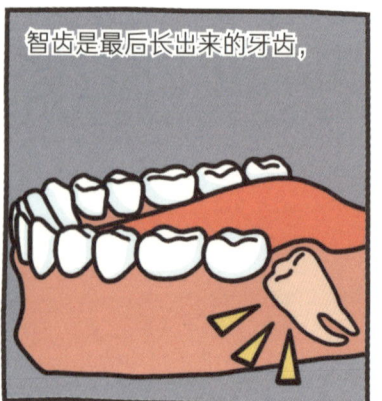

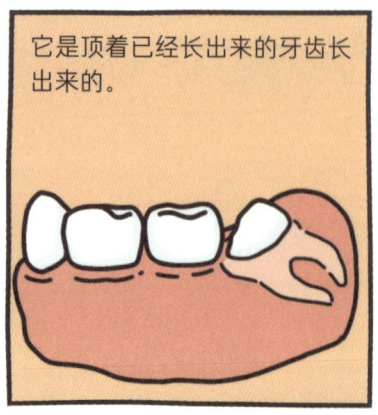

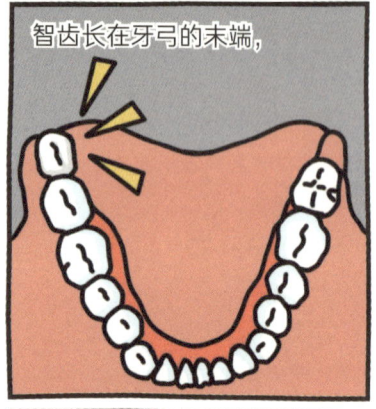

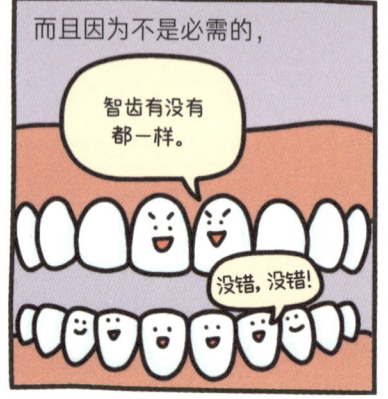

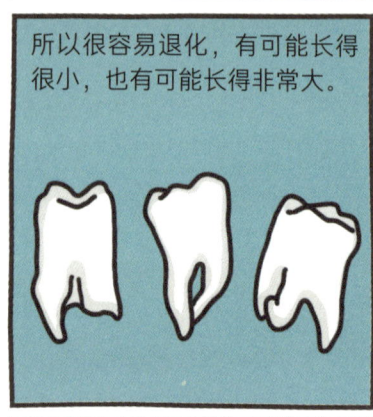

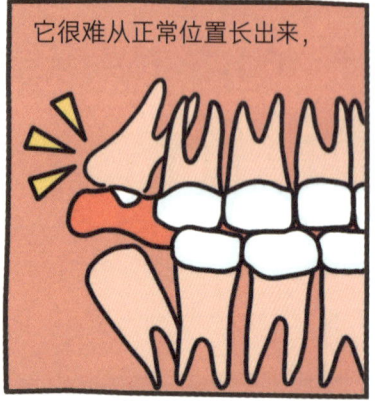

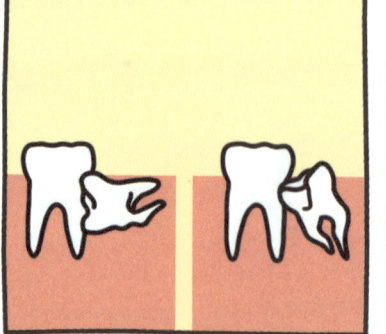

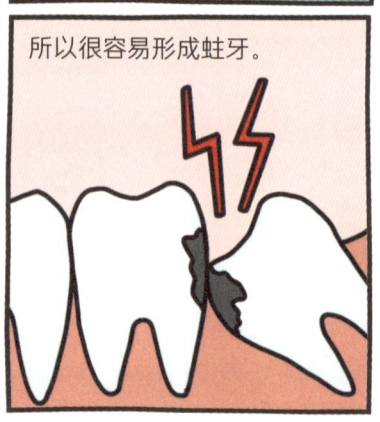

哎呀,好疼!但我也不想这样。	智齿是最后长出来的牙齿,	它是顶着已经长出来的牙齿长出来的。
智齿长在牙弓的末端,	而且因为不是必需的, 智齿有没有都一样。 没错,没错!	所以很容易退化,有可能长得很小,也有可能长得非常大。
它很难从正常位置长出来,	也很难长成正常的形状,	所以很容易形成蛀牙。
牙龈也可能会被细菌感染。	智齿还有可能会倒着长。	我也没有办法嘛!这也不是我想要的!为什么就讨厌我?

问题 17
软膏的盖子为什么是这样的?

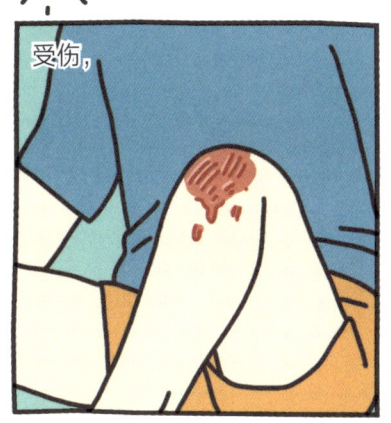

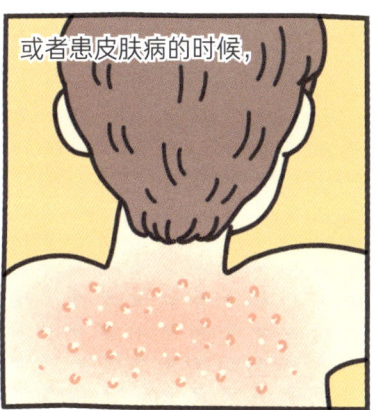

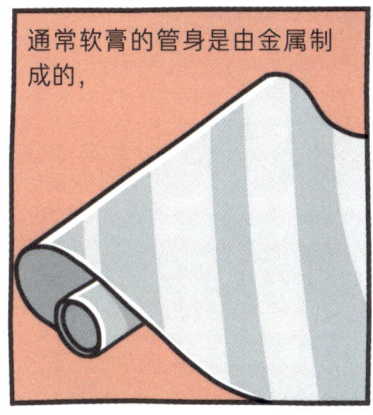

受伤,

或者患皮肤病的时候,

非常需要这个东西。

啊啊啊!到底在哪里?

没错,就是软膏!

我和其他容器有一个不同的地方!你发现了吗?

那就是盖子!软膏的盖子上有一个突起!

哦?是真的,为什么是这样呢?

这个形状独特的盖子是为了方便使用。

怎么用?

通常软膏的管身是由金属制成的,

封口也是由金属制成的。

这用手怎么打开?难道不打算给人用?

哈哈!所以才有了特别的盖子。就像这样,将盖子扎到封口里!

就能轻松地扎开了。这个盖子就是这样使用的!

噢,好神奇!原来还有这种方法!谢谢你告诉我!

问题 18
隐形眼镜为什么和黑眼球的大小差不多？

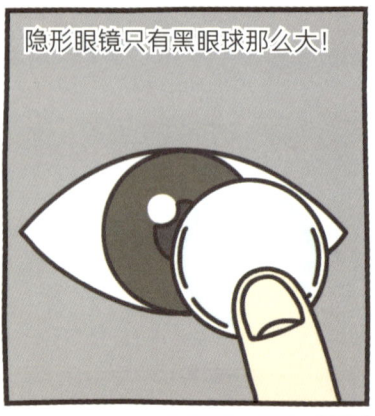

我明白了，	影响我美貌的主要原因就是眼镜！	摘下眼镜站在镜子前，我的脸不知道多讨人喜爱，
不论男女老少，都会被我迷住。	我的美貌简直连艺人都会羡慕！怎么能这么好看呢？ 行了,行了! 你更漂亮行了吧！	隐形眼镜能大幅提高我的颜值！
与做近视眼手术， 医生，这个不疼吧？请给我做这个手术吧！我太害怕了。	或佩戴比眼睛大很多的眼镜，让视野变窄不同， 眼镜能给人知性的感觉，你知道什么！ 但是显得眼睛很小呀！	隐形眼镜只有黑眼球那么大！
为什么隐形眼镜只有黑眼球般大小？	放进眼睛里可能会偏离， 看不到了！发生什么事了！请帮帮我！	说不定还会掉出来！ 啊！我的镜片！

48

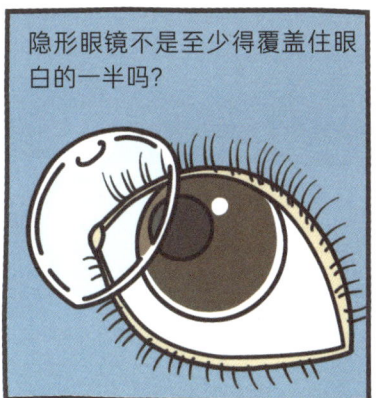

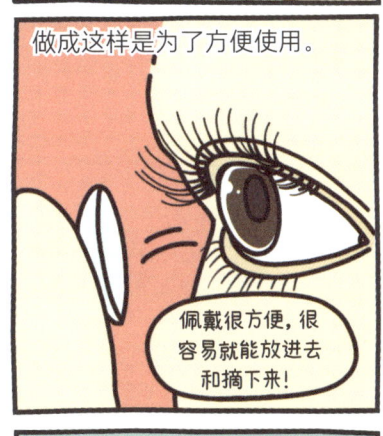

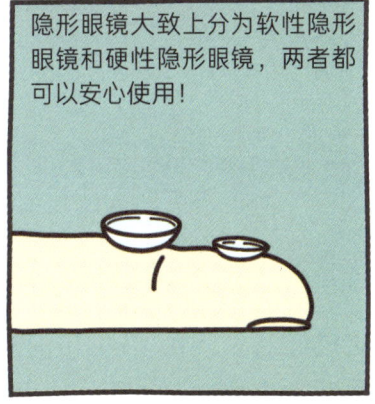

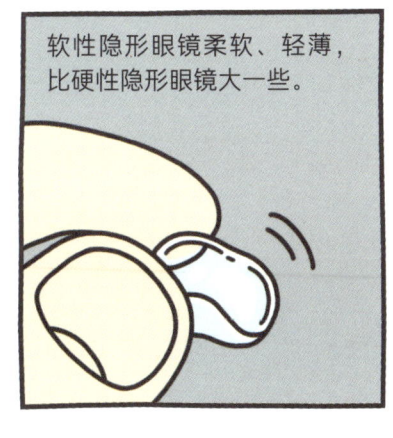

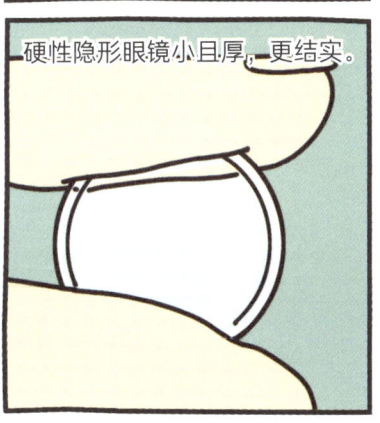

隐形眼镜不是至少得覆盖住眼白的一半吗？	不是还有这样的说法嘛，隐形眼镜跑到眼睛后面， 我左边的眼睛吗？哎哟！ 镜片跑到眼睛后面，所以就失明了。	导致失明。 真的吗？怎么和我相似呢？我把镜片贴到眼睛上，就失明了？！
您别再胡思乱想了！您得相信医学知识丰富的专家！ 什么？	隐形眼镜虽然小，但是不会轻易从眼球上脱落的！ 虽然难以相信，但是是真的！相信我！	隐形眼镜有不从眼球上掉落的方法。 真的？ 当然！
隐形眼镜足够安全，它的直径和虹膜直径差不多， 真的，什么事也没有呢。	做成这样是为了方便使用。 佩戴很方便，很容易就能放进去和摘下来！	隐形眼镜大致上分为软性隐形眼镜和硬性隐形眼镜，两者都可以安心使用！
软性隐形眼镜柔软、轻薄，比硬性隐形眼镜大一些。	硬性隐形眼镜小且厚，更结实。	这两种隐形眼镜贴到眼球上的方法不同，但都是安全的！ 我们两个都可以放心使用，不用担心！

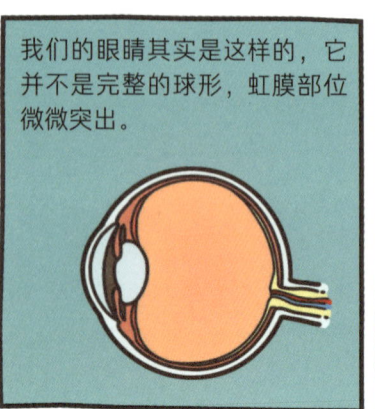

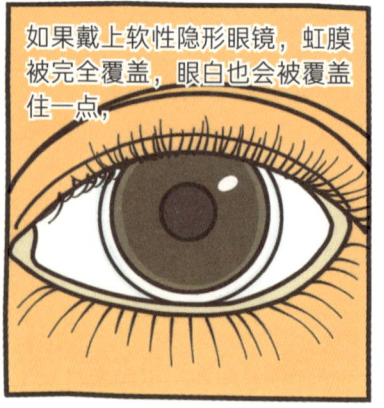

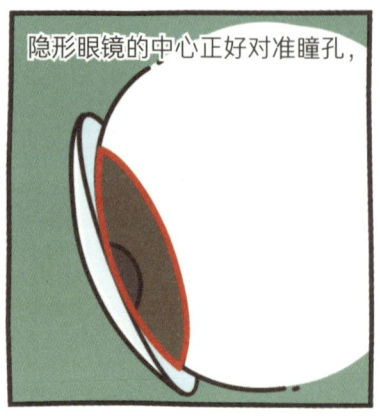

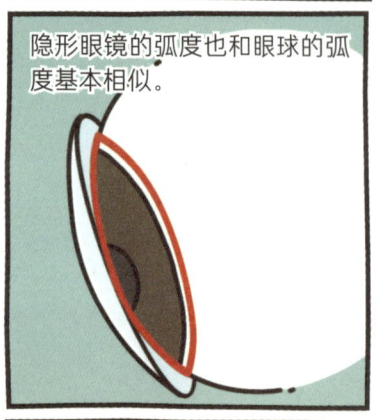

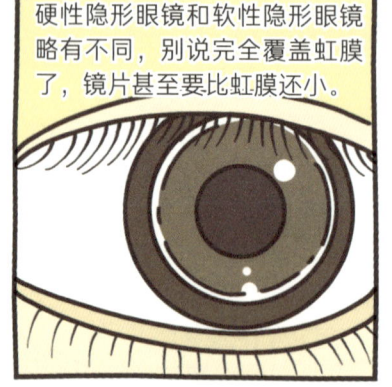

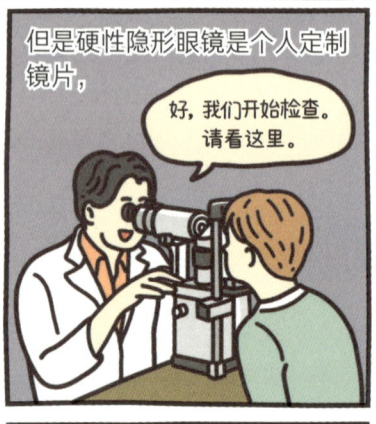

我们的眼睛其实是这样的，它并不是完整的球形，虹膜部位微微突出。	如果戴上软性隐形眼镜，虹膜被完全覆盖，眼白也会被覆盖住一点，	隐形眼镜的中心正好对准瞳孔，
隐形眼镜的弧度也和眼球的弧度基本相似。	隐形眼镜就这样覆盖在眼球表面上，所以镜片很少移动， 差不多一样，所以不会脱落！	而且即便移动了，为了维持与眼球表面贴合的状态， 哎哟！远离瞳孔了？
会重新回到眼球的中央。 重新回来了！	硬性隐形眼镜和软性隐形眼镜略有不同，别说完全覆盖虹膜了，镜片甚至要比虹膜还小。	但是硬性隐形眼镜是个人定制镜片， 好，我们开始检查。请看这里。
所以不存在与眼球不匹配的问题。	虽然眨眼也会使硬性隐形眼镜略有移动，但是对视力没有什么影响， 即便稍微移动一点，还是看得很清楚！	而且会像软性隐形镜片一样立刻回到眼球中央位置。

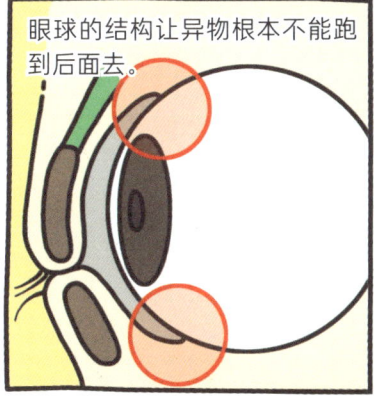

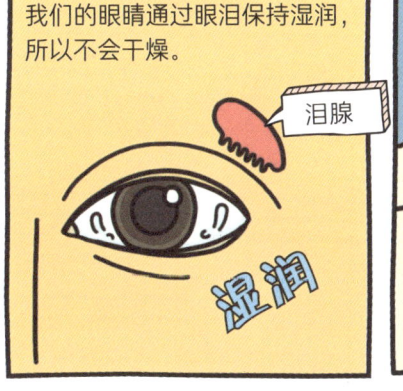

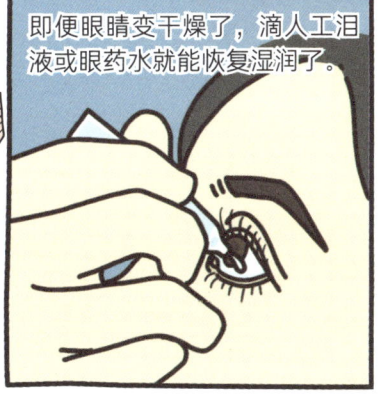

所以隐形眼镜不会轻易从眼球上脱落。不过如果镜片做得非常大会怎么样呢？	眼睛是非常敏感的，只要进了异物，眼睛都能感觉到， 哎呀，眼睛火辣辣的。	如果还戴上这种眼镜，那岂不是要流血了？ 呜呜，我的眼睛！
而且如果镜片大，戴起来就会更困难。 这么大的镜片真的能放进眼睛里吗？	所以不要佩戴不合适的眼镜。	镜片跑到眼球后面，或者贴在眼球上摘不下来，这些说法是骗人的！ 真、真的吗？！
眼球的结构让异物根本不能跑到后面去。	如果镜片能跑到眼球后面，那我们的眼球后方岂不是成为堆满睫毛和灰尘的垃圾场了？	镜片也不可能摘不下来。
我们的眼睛通过眼泪保持湿润，所以不会干燥。 泪腺 湿润	即便眼睛变干燥了，滴人工泪液或眼药水就能恢复湿润了。	怎么样？现在稍微安心一点了吧？ 谢谢！我之前是真的不知道！

问题 19
冰柱为什么会倒过来生长?

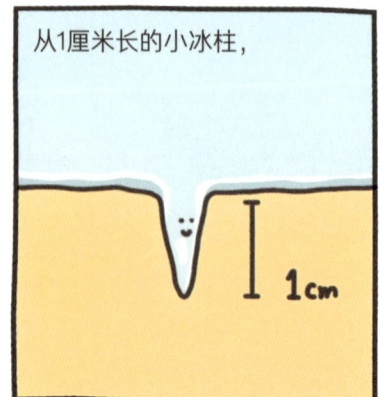

你好！我是水滴。

大家知道冰柱吗？

冰柱通常是锥子状，长得像根长棍。

在瀑布、

岩石、

屋檐下，

或者车辆底下都可以看到。

在寒冷的冬天，冻住的水融化后流下来，

经过反复结冰，

就形成了冰柱。

从1厘米长的小冰柱，

到数米长的大冰柱……冰柱形状非常多！

1cm

2M

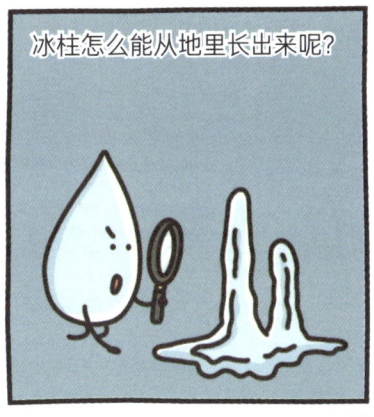

但是你知道吗？还有倒过来长的冰柱。	就像这样！	冰柱怎么能从地里长出来呢？
让我来告诉你答案。	这样的冰柱叫反向冰柱。	其实并不只在地面上能看到反向冰柱，
在水面上也能看到，但是这两种反向冰柱形成的过程有点不同。	首先说地面上的。反向冰柱从地里长出来的原因有两个：**2**	融化后流淌的水滴落，
和封冻住的地面相遇，	如此反复，反向冰柱就长出来了，和普通冰柱一样，是不是很简单？	但是另一个原因却有一点复杂。

53

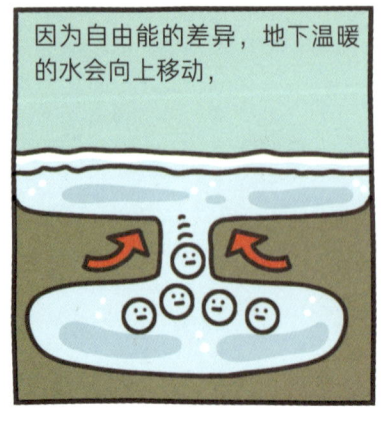

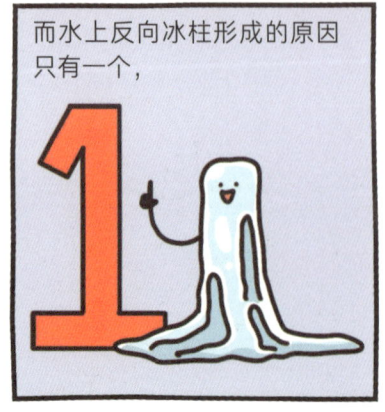

封冻住的土里的冰水颗粒，	被地下的水颗粒挤出来， 你们别再挤了！	由此形成反向冰柱。
地面上的水开始被冻住的时候，	如果地下有水坑，	比较暖和的地下水比地面上的冷水携带更多的自由能。 力量满满！
你问自由能是什么？能量分为可以使用的能量 这个能量是可以使用的能量！能工作！	和不能使用的能量， 这个是不能使用的能量。	在外部可以用于工作的能量就是自由能。 只有像我这样自由能充沛，才能工作好！
因为自由能的差异，地下温暖的水会向上移动，	于是反向冰柱就长出来了！	而水上反向冰柱形成的原因只有一个，

水在结冰的时候,常常是从边缘开始的,	而且会从表面开始结冰,	所以水在完全被冻住之前,必然会形成一个洞。
通常在水顺着洞流出来之前,表面就被完全冻住了,	这也是水上反向冰柱不容易被看到的原因。	但偶尔在表面被冻住前,水会从洞里流出来。
水变成冰,体积会变大。	随着体积增加,相应量的水就会被压上来, 就像往水杯里放入冰块,水会冒出来一样!	上升的水再次从表面,特别是从边缘开始结冰。
这个过程不断重复,冰块渐渐变大,	于是反向冰柱便形成了。	希望我有一天也能亲眼看到这种克服重力的反向冰柱!

问题 20
机器人为什么做得像动物一样?

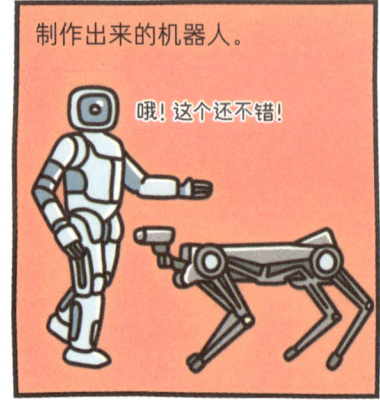

啊! 蛇, 是蛇!

啊啊啊啊!
去死! 去死!

住手! 那并不是真的蛇!

嗯?

哎呀! 我的蛇形机器人……

你说那个是机器人?

你居然连仿生机器人都不知道!!!

仿生机器人?

哎哟……

仿生机器人是指模仿人

或者昆虫等动物的外形,

制作出来的机器人。

哦! 这个还不错!

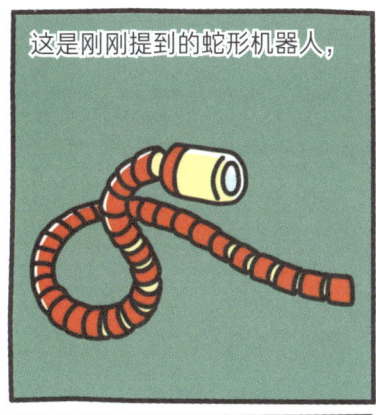

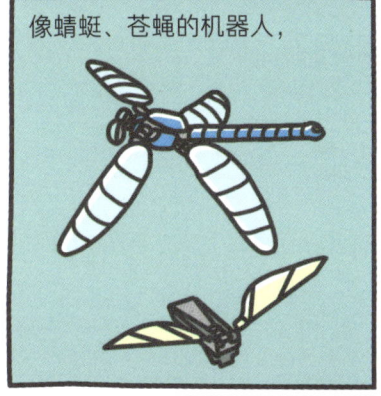

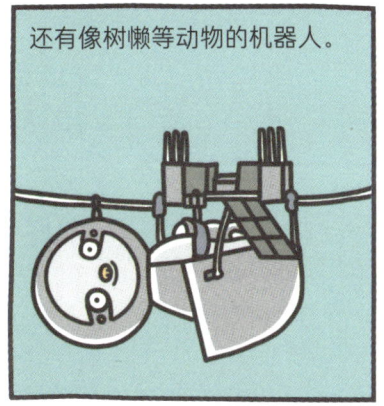

这是刚刚提到的蛇形机器人，	因为能进入人们无法进入的场所，	所以经常被用于在受灾现场寻找幸存者。 找到了！
此外，还有像狗、马的机器人，	像蜻蜓、苍蝇的机器人，	像鱼的机器人，
还有像树懒等动物的机器人。	这些仿生机器人能代替人类去做一些人类做不到的事情。 因为我们做不到，所以得由你们替我们去做！	比如在受灾现场寻找幸存者，
去人类很难亲自去的污染地区侦察，	或者近距离观察大自然。	所以你要再敢弄坏我的机器人，我立马起诉你！ 知道了，对不起。

57

问题 21
番茄酱瓶盖和蛋黄酱瓶盖为什么不同?

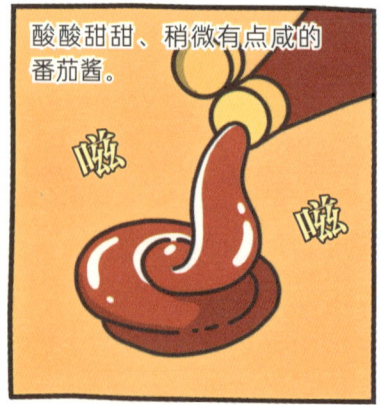

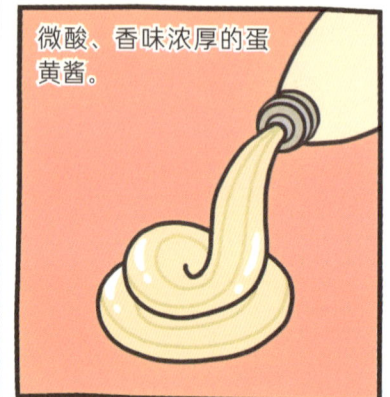

用番茄做成,

酸酸甜甜、稍微有点咸的番茄酱。

炸薯条和番茄酱最搭了!

用蛋黄、油和醋做成,

微酸、香味浓厚的蛋黄酱。

虽然蛋黄酱和任何食物都很搭,但是它和金枪鱼真是绝配!

我超级喜欢这两种酱汁!

不过你们知道番茄酱瓶盖和蛋黄酱瓶盖为什么是不一样的吗?

番茄酱是掀开的瓶盖,

蛋黄酱是旋转拧开的瓶盖。

或许你觉得只是设计不同?

如果都长一样,那岂不是很无趣?

你可不要小看番茄酱和蛋黄酱!

什么呀,那孩子好奇怪。为什么发那么大火?

58

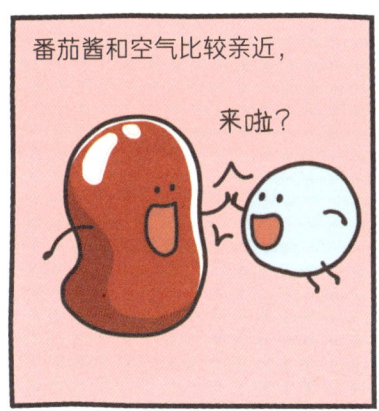

番茄酱和空气比较亲近,来啦?	是酸味十足的酱汁,	而且它经过杀菌处理,噗 咻
即使遇到空气,也几乎不会发生改变,	所以掀盖用起来更方便。	但是蛋黄酱里油很多,
油遇到空气的话,很容易发生反应,导致蛋黄酱变质。哎呀,我为什么会这样?	所以使用密封效果好的旋转瓶盖,密 封	蛋黄酱才能保存更长的时间。
番茄酱和蛋黄酱瓶盖的小孔形状也不一样:番茄酱是圆孔,蛋黄酱是星形小孔。	这是因为两者的黏稠度不同,我是圆鼓鼓的!我是湿漉漉的!	蛋黄酱更黏稠,所以挤出来之后也能维持瓶盖小孔的形状,但是番茄酱并不是这样的。怎么样,神奇吧?

问题 22
牛奶包装盒为什么长这样？

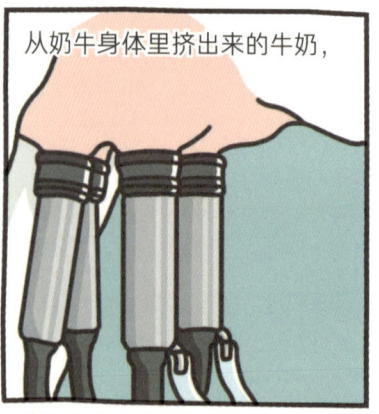

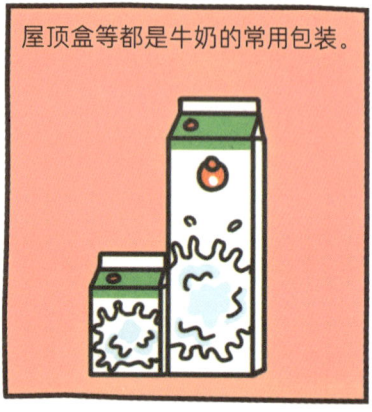

奶牛产的奶是牛奶。

从奶牛身体里挤出来的牛奶，

经过多重处理，

装在容器里，然后送到我们手中。

玻璃瓶、

塑料瓶、

屋顶盒等都是牛奶的常用包装。

你知道为什么屋顶盒这么与众不同吗？

什么？
我？

就是说啊，你怎么这么卑鄙，老想显摆自己呢？

这像房子一样的外形，

如何打开的提示，

请沿两侧打开。

喝之前是否摇晃的嘱咐，

本品为高钙产品，喝之前请摇一摇！

60

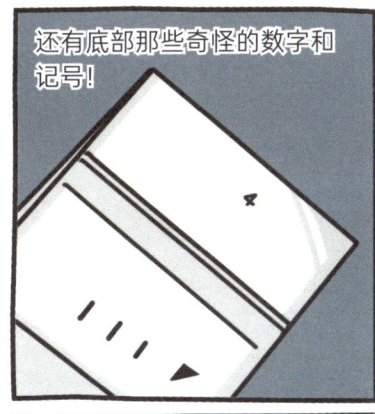

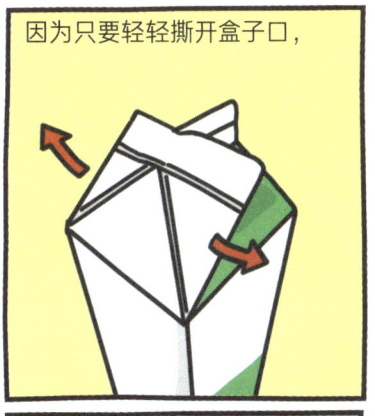

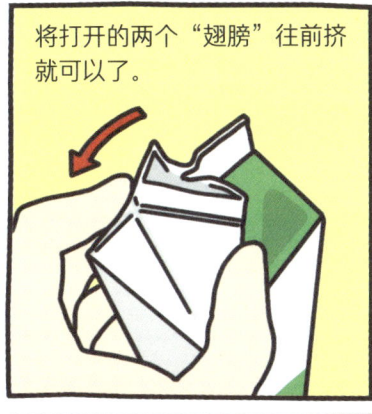

还有底部那些奇怪的数字和记号!

屋顶盒为什么这么花里胡哨呢?

没错!没错!你就老老实实地待会儿吧!

我可不是花里胡哨!是因为真的需要,所以才这样的!你们什么都不知道!至于为什么需要,我现在告诉你们!

像我这样下面是四棱柱,上面是房顶构造的纸质容器叫作屋顶盒。

屋顶盒非常方便,只要知道打开方法,小孩子也能轻松打开。

妈妈,你看!我也能打开!我现在力气是不是也很大?

因为只要轻轻撕开盒子口,

将打开的两个"翅膀"往前挤就可以了。

看看你们!力气不够的话根本打不开!

你好,我力气有点小,打不开,请帮我开一下吧!

这么难打开吗?

手只要稍微有点滑,或者力气不够就打不开。

咦?这个为什么打不开呢?

开的过程中,如果瓶盖和容器的槽口错位的话,

即使用尽了力气,恐怕也打不开。

61

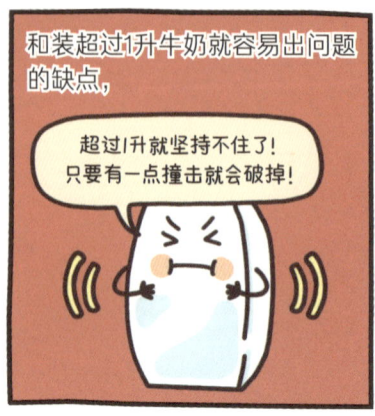

屋顶盒还非常安全，	即使掉到地上，盒子也只会被挤瘪，	或者裂开，导致牛奶流出来。
不会像打碎玻璃瓶那样，玻璃碎片飞溅让人受伤，	也不会在收拾的时候被玻璃碎片划伤。	用完的屋顶盒还可以折叠起来，减小体积，
人们可以很方便地丢弃！	而且用便宜的纸张来做包装盒能更节省成本。	你们嘛……算了，不说了！ 呃！
不管怎么说，一旦解决了打开后就无法盖严的缺点，	和装超过1升牛奶就容易出问题的缺点， 超过1升就坚持不住了！只要有一点撞击就会破掉！	还有你们的用武之地吗？ 惊吓

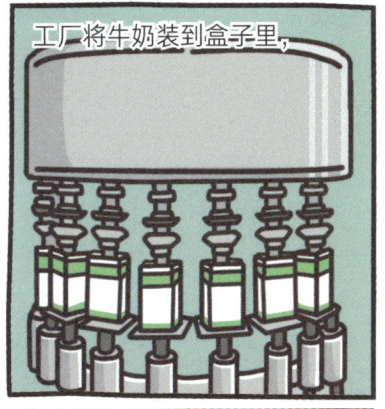

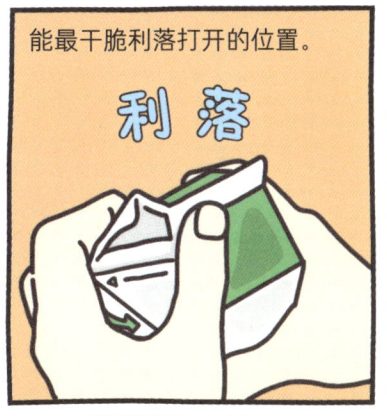

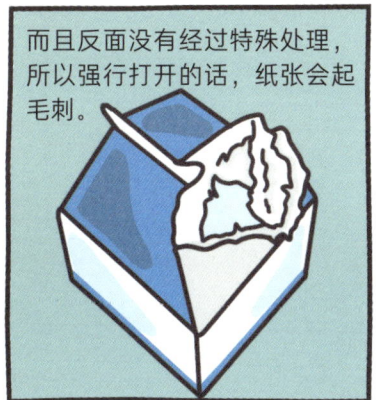

就算这样，在牛奶盒上写这么多指手画脚的文字也不对！随心所欲地喝不就行了！	很抱歉，你说错了。这都是有原因的。	沿两侧打开、从反面打开，像这样给人们指示的文字， 请从反面打开。
是为了告诉人们打开盒子的方法，因为屋顶盒的打开方法是固定的。	工厂将牛奶装到盒子里，	机器用高温将盒子封紧。
打开盒子的位置是经过特殊处理后，	能最干脆利落打开的位置。 利落	当然，反面也能打开，就是比较费力气。
而且反面没有经过特殊处理，所以强行打开的话，纸张会起毛刺。	这样每次喝牛奶的时候，牛奶流过毛刺，	人们不知不觉间可能会把毛刺吞下去。

63

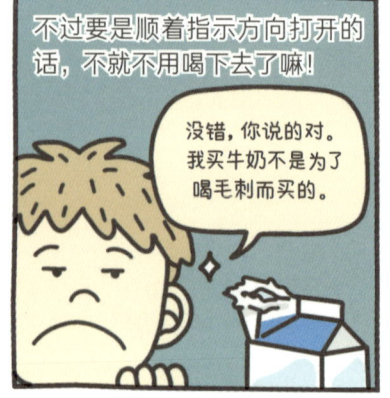

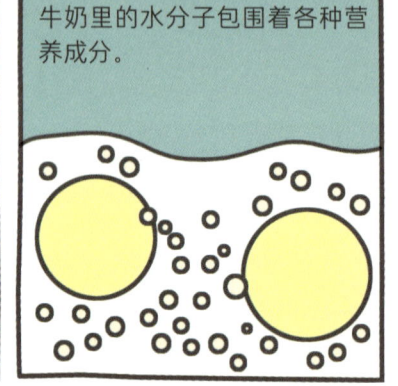

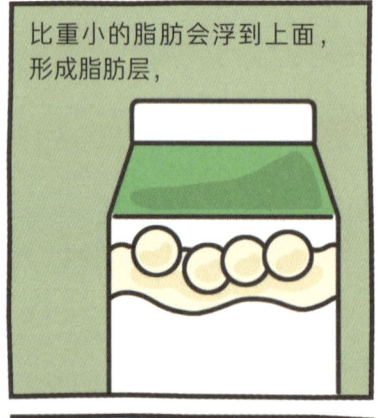

好在毛刺不会危害身体健康。 *这样也没事吗?*	不过要是顺着指示方向打开的话，不就不用喝下去了嘛! *没错，你说的对。我买牛奶不是为了喝毛刺而买的。*	喝前请摇一摇的提示，是为了守护人们的健康和保证牛奶的味道。
这个说明并不是所有牛奶包装上都会写，只有特定产品会这样，因为不同牛奶的特性不同。 *是吗?我没有吗?* *哦?为什么你没有写这些?*	牛奶里的水分子包围着各种营养成分。	如果将泥水静置，泥土会沉到底部，分离成水和泥。
牛奶也会发生类似的现象，	比重小的脂肪会浮到上面，形成脂肪层，	脂肪层的味道非常香， *这个是牛奶?那我之前喝过的是什么?*
而下面则像水一样，味道寡淡，变成奇怪的牛奶。 *这个是水还是牛奶呀?*	所以为了避免这种事的发生，牛奶会经过特殊处理。 *怎么处理?*	让牛奶通过一个非常小的孔， *啊!好疼!好像要被粉碎了!求求你停下吧!*

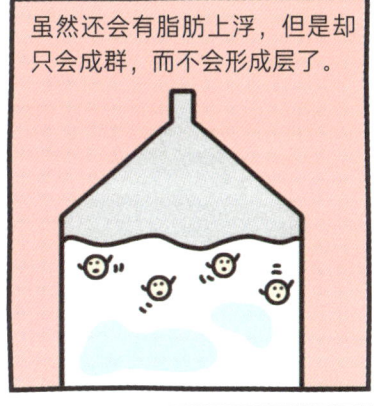

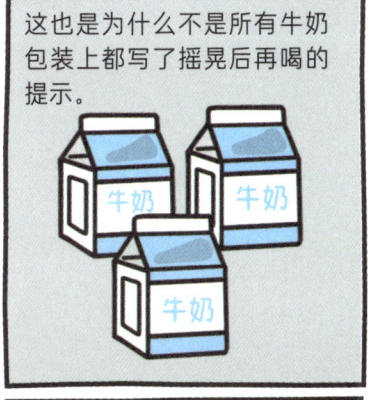

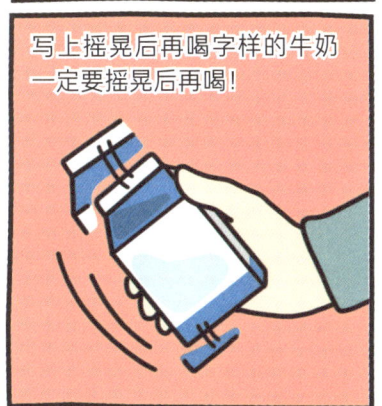

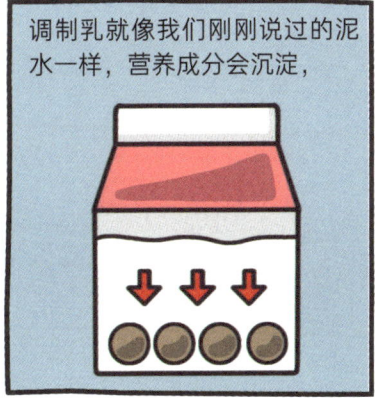

牛奶中的脂肪就这样被粉碎了。 "我以为我真的要死了。"	变小的脂肪无法再形成层。 "层？现在是群了。"	虽然还会有脂肪上浮，但是却只会成群，而不会形成层了。
不过，比起直接喝，先将牛奶摇晃后再喝味道会更好。	当然，并不是说必须摇晃了再喝。 "嗯？"	这也是为什么不是所有牛奶包装上都写了摇晃后再喝的提示。
写上摇晃后再喝字样的牛奶一定要摇晃后再喝！	让摇晃后再喝的提示通常写在调制乳的包装盒上。 "调制乳又是什么？"	调制乳是在牛奶中加入其他东西制成的乳制品。
就像香蕉牛奶、咖啡牛奶等。 "我们是调制乳。"	调制乳就像我们刚刚说过的泥水一样，营养成分会沉淀，	但调制乳上面的味道反而更淡，

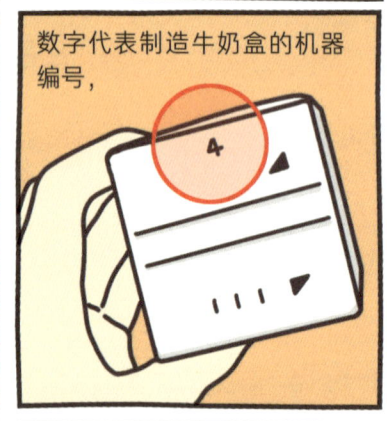

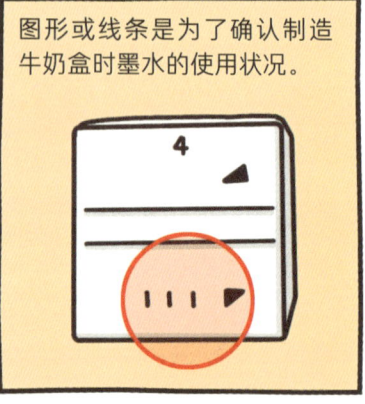

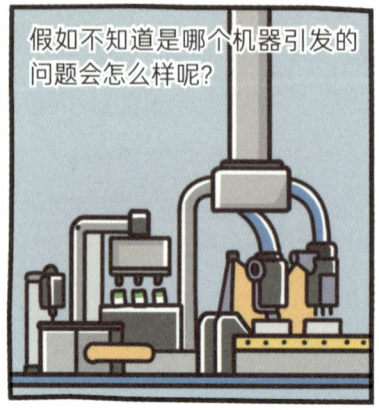

下面的味道比较浓。	不仅如此，上面和下面的营养成分也存在差异，	甚至会结成块。
如果不摇晃之后再喝，味道和营养可能都会差一点。	现在知道了吧？	那盒子底部的数字和记号是什么意思呢？那个还没说呢！
啊！难道是在孩子们进行数字猜猜猜时用的吗？ 我的数字最大！ 今天我是王！	数字代表制造牛奶盒的机器编号，	图形或线条是为了确认制造牛奶盒时墨水的使用状况。
如果在制造牛奶盒的过程中出现问题，	假如不知道是哪个机器引发的问题会怎么样呢？	会中断全部牛奶盒的生产。 全部停止！

难不成要逐一检查和确认机器？	墨水也是，得检查到什么时候才能逐一检查完呢？	但只要知道机器编号和墨水状态就不用这样了，
只需暂停有问题的机器，	修理之后，	再重新开工就可以了！
所以在不显眼的牛奶盒底部有这样的标示。	也有人说这表示回收利用的次数，其实并不是的。 什么？你说不是表示回收次数？！	牛奶盒并不是重复利用的，而是被处理之后做成了卷纸或抽纸。
不过你说什么？卑鄙？	说我想显摆自己？	对、对不起，你消消气。

问题 23
为什么每一种口罩的样子都不同？

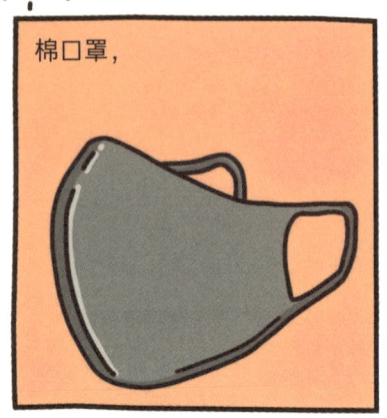

棉口罩，

医用口罩，

防飞沫口罩，

KF80、KF94口罩，

N95口罩，

还有防毒面罩。

哎呀，这么多口罩到底怎么回事？真让人上火。

你说这话是什么意思？

分这么多种，把人都搞糊涂了！统一做一种该多好！

很遗憾，这是不可能的。

什么？！

这是为了守护所有人！

不过为了让你分清楚，我给你详细地说明一下吧！

68

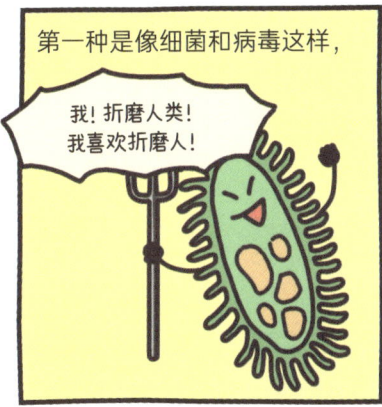

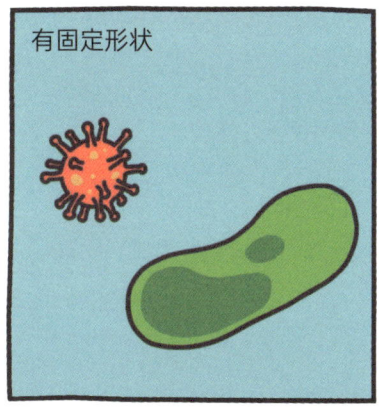

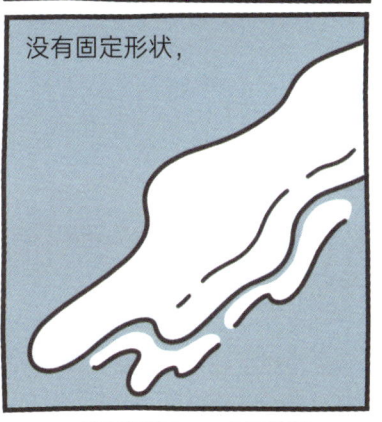

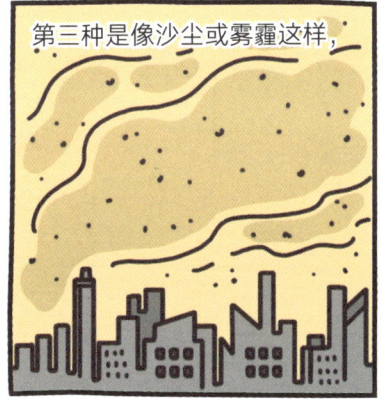

口罩是为了阻挡病菌、灰尘等物质,	用来遮住嘴和鼻子的物品。	口罩阻挡的物质有三种形态。
啊！别过来！走开！	现在安全了。	
第一种是像细菌和病毒这样,	有固定形状	和体积的物质。
我！折磨人类！我喜欢折磨人！		病毒！你太小了！ 细菌！你太大了！
第二种是像眼泪、鼻涕、唾液这样,	没有固定形状,	能装在某个容器里,
随着容器的形状而改变形状的液体。	第三种是像沙尘或雾霾这样,	没有形状和体积,

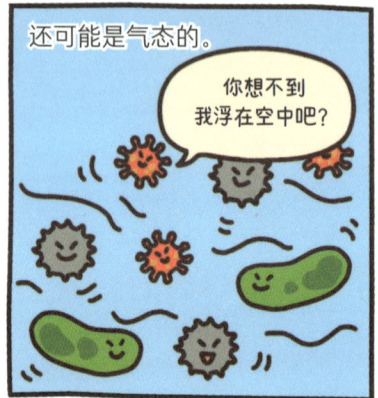

随意飘动，	能充满空间的物质。	就像前面看到的那样，这些坏家伙可能是固态的， 呼！
也可能是液态的， 啊哈哈！你不知道我藏在唾液里吧？	还可能是气态的。 你想不到我浮在空中吧？	所以口罩只能根据不同的目的做成各种形状。 噢，是这样吗？
让我们来仔细观察一下吧！ 好的！来吧！	棉口罩，其实在防御细菌和病毒这些坏家伙方面一点效果都没有， 啊？	所以不能说它是保护健康的保健用品， 听到了吧？它不是保健用品！ 哦哦。
只能说它是脸部保暖的保温用品。 哎呀，好暖和。	虽然比较厚，	但是如果沾上唾液等液体，

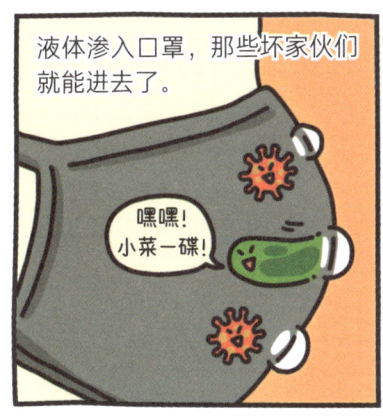

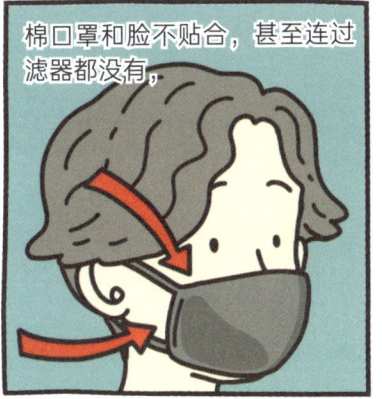

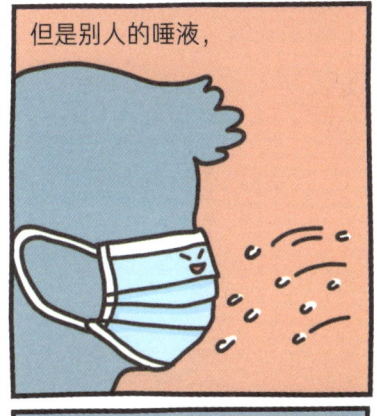

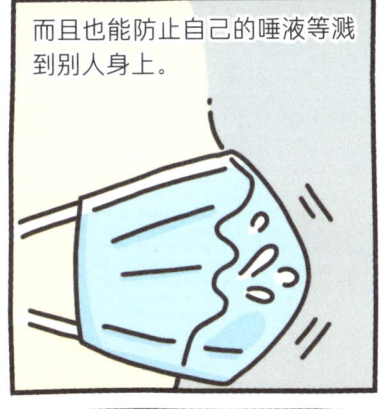

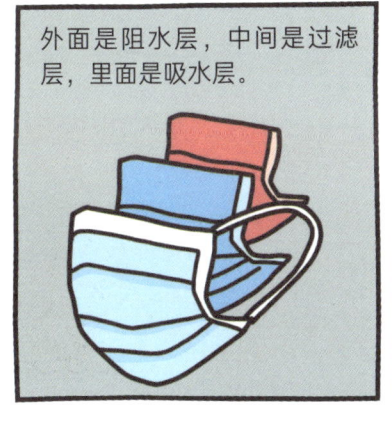

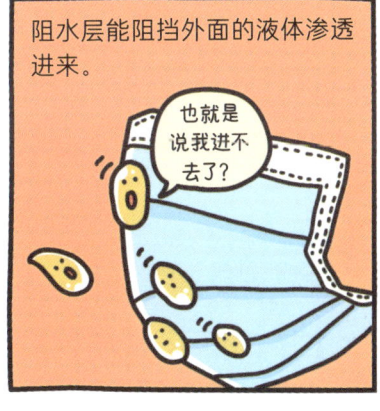

液体渗入口罩，那些坏家伙们就能进去了。 嘿嘿！小菜一碟！	棉口罩和脸不贴合，甚至连过滤器都没有，	所以连固体也阻挡不住。 轻轻松松！
医用口罩是阻挡来自液体的污染的口罩。 我可是真正的保健口罩！	医用口罩和脸之间也有缝隙，所以不能阻挡气体， 和棉口罩一样吗？ 呃……	但是别人的唾液，
或者血液等液体，医用口罩却能挡住，	而且也能防止自己的唾液等溅到别人身上。	因为它由3层结构组成。 什么？3层结构？
外面是阻水层，中间是过滤层，里面是吸水层。	阻水层能阻挡外面的液体渗透进来。 也就是说我进不去了？	过滤层能将渗入的细菌过滤掉。 呃！怎么会这样！

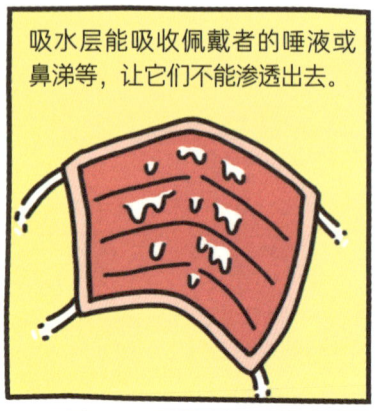

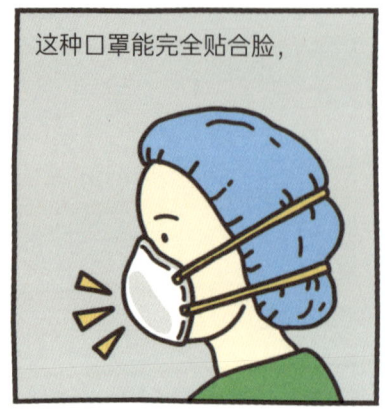

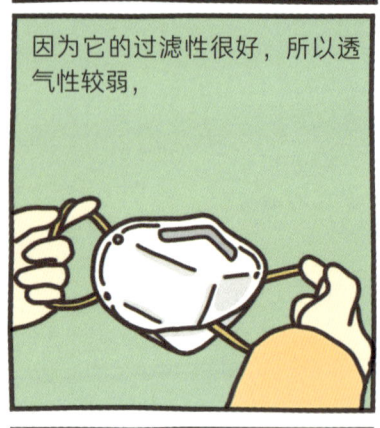

吸水层能吸收佩戴者的唾液或鼻涕等，让它们不能渗透出去。	N95口罩是为医疗或工业现场使用而设计的。	这种口罩能完全贴合脸，
密闭性更高，	让那些坏家伙进不来。	还能有效阻挡空气中的非油性颗粒物，这家伙还真厉害！
当然也能阻挡液体。简而言之，是高性能的口罩！那也就是说我最好？	但是日常生活中不能长时间佩戴N95口罩，怎么说？	因为它的过滤性很好，所以透气性较弱，
会导致呼吸困难。咳咳，喘不过气了。头有点晕。	如果日常生活中长时间佩戴，	说不定就要上西天了。去年去世的奶奶为什么在这里啊？

72

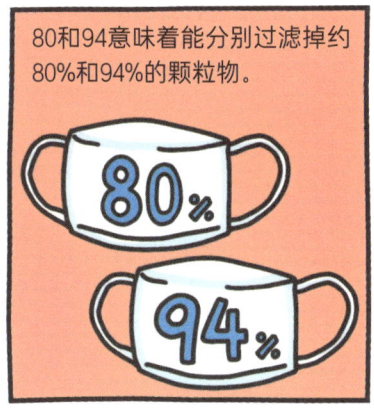

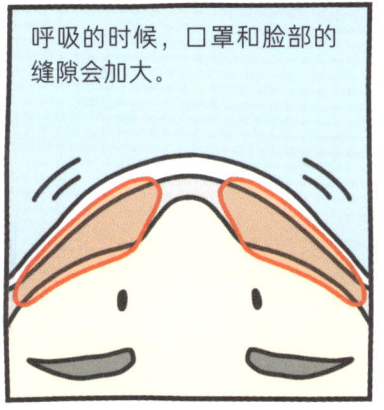

KF80、KF94口罩也是很实用的口罩。	KF口罩是用来阻挡沙尘和微尘的， 喂！快走，雾霾！ 走开！沙尘！	80和94意味着能分别过滤掉约80%和94%的颗粒物。
数值越大，过滤效果越好。 空气是不是很清新？	KF口罩也可以阻挡液体和气体中的部分颗粒物。	KF口罩戴上后也不完全紧贴脸部， 没错！没错！有缝隙！
有细微的缝隙。	呼吸的时候，口罩和脸部的缝隙会加大。	因此这种口罩虽然在日常生活中能够轻松使用，
但是却不能完全隔绝细菌和病毒。 找到机会，我们似乎就能进去了！从哪个缝隙进去呢？	防飞沫口罩就如字面意思那样，是阻挡飞沫的口罩。 飞沫是什么？	飞沫就是咳嗽或打喷嚏， 阿嚏！

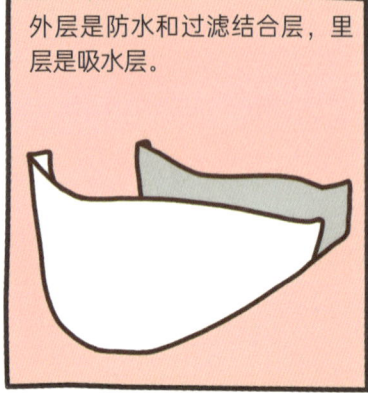

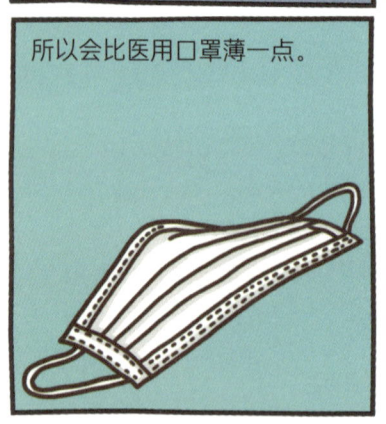

以及说话的时候从嘴里飞出来的液体，	也就是说，这种口罩是阻挡液体的。	防飞沫口罩、医用口罩和KF口罩都可以防飞沫，
夏天佩戴起来更加舒适。 戴KF口罩舒服多了！	防飞沫口罩和医用口罩长相接近， 我的翻版！	但防飞沫口罩里面通常有两层。 要是两层结构的话……
外层是防水和过滤结合层，里层是吸水层。	所以会比医用口罩薄一点。	当然也有3层结构的防飞沫口罩， 我是3层结构！
两层和3层在功能上几乎没有差异。	不同样子的防飞沫口罩也不影响其功能。 什么？那为什么做成这样呢？	最好选择更贴合脸部的。

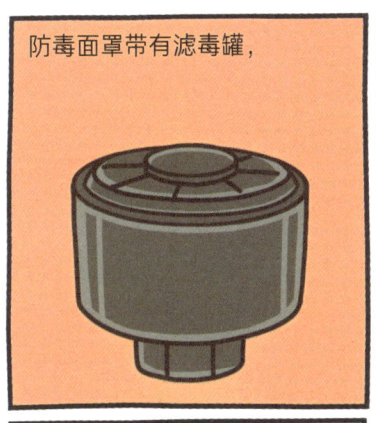

防毒面罩是公认的最强口罩。 我是真正的口罩最强者!	液体、气体全都能挡住, 喂,你这是犯规。	还能阻止细菌和病毒从眼睛里进入造成感染。 铜墙铁壁啊!
完全堵住,让一粒灰尘都进不来,	而且呼吸也不困难。	防毒面罩带有滤毒罐,
能过滤各种毒素。	不过,引人注目的外形可以算是一个小小的缺点了。 那个人为什么那样?真奇怪。	现在你知道了吧?人们的用途不同,我们的作用也不同!
是这样啊。看来是我没搞清楚。	? 嗯?	你真了不起啊! 站、站住!

问题 24
蛇的舌头为什么裂成两股？

让人毛骨悚然的眼睛！

细长的身躯！

不断吞吐的舌头！

在大多数神话传说中，蛇是不祥的象征。

在民间传说中，蛇也大多是反派形象。

我要吃掉你们！

你怎么吃这么快？

这些家伙们专干坏事，

吼吼吼！

人们从很久以前开始就非常害怕蛇！

啊！蛇！是蛇！

瞧瞧它那时不时吐舌头的样子！难道是在故意挑衅吗？

咝咝。

哎呀！等一下！仔细看！

舌头，看它的舌头！裂成了两股！

更不祥了！走开！

76

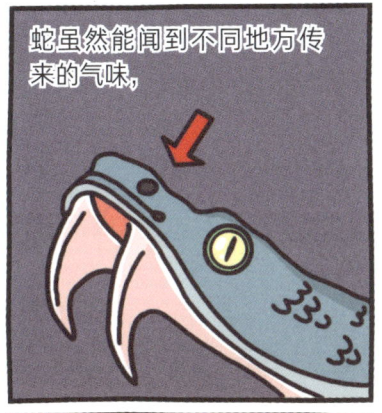

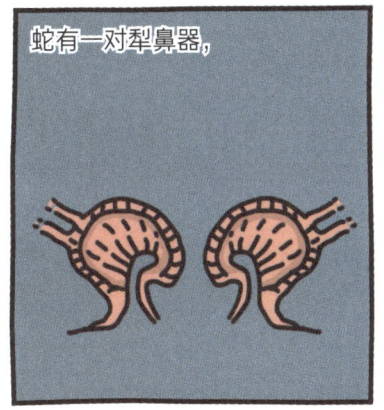

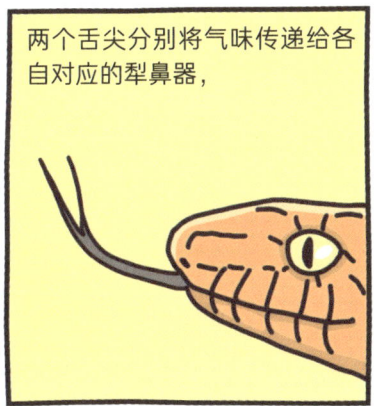

别欺负我女儿！我们蛇到底做了什么，让你们这样！ 妈妈，我什么也没做……	21世纪还觉得这是不祥的象征也太过分了吧？ 那、那个……	蛇的舌头呈Y字形是有道理的！
蛇虽然能闻到不同地方传来的气味，	但是和人或其他动物一样， 好香啊！	闻的同时不能快速呼吸。 压根做不到。
蛇颚上方有和鼻子连接的犁鼻器，	对闻味道起核心作用。 是美食的味道！好饿！	蛇有一对犁鼻器，
两个舌尖分别将气味传递给各自对应的犁鼻器，	所以蛇的舌头分成了两股。	蛇不停地吐舌头也是为了更好地闻味道！ 这可不是简单地吐舌头哦。

蛇不断吐舌头，	将收集来的气味输送到犁鼻器，	大脑再弄清楚是什么气味， "这个气味，是我喜欢的小老鼠！"
然后由此找到食物！ "现在就过去！小老鼠等我！" 哒哒哒	这还不算完，蛇不是没有耳朵嘛。 "耳朵是什么？"	虽然它们没有耳朵，但是却能通过身体感知地面传来的震动， 轰 轰
同时通过吞吐裂开的舌头，	掌握味道传来的方向和距离！ "前方30米有一头熊，我们回去吧。"	如果舌头没有裂开，那所有的蛇都会饿死了。 "怎么回事？我头顶怎么有个圈？"
"现在还觉得我们看起来凶恶和不祥吗？" "没错！看上去非常凶恶和不祥！"	"看来你是一个很坏的孩子！" 张开	"不是的！我小时候曾经被蛇咬过！从那之后我只要看到蛇就害怕得全身发抖，我能怎么办！"

问题 25
人的眼白为什么这么明显?

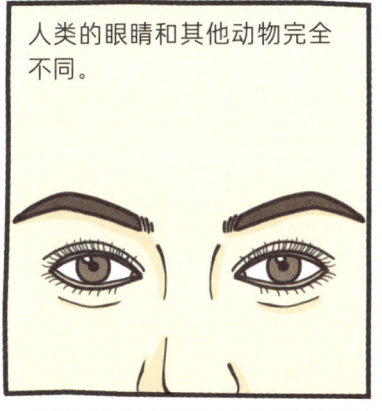

人类真是怎么看都看不腻!

每天都那么忙!
这里那里到处奔波!

偶尔和人类四目相对,看到他们的瞳孔,真是神秘啊!

人类的眼睛和其他动物完全不同。

其他动物的眼白并不是很明显,

眼睛大部分都是黑眼珠。

这都是为了捕猎。

整个眼睛看上去几乎是同一种颜色,

这样其他动物看到的时候,

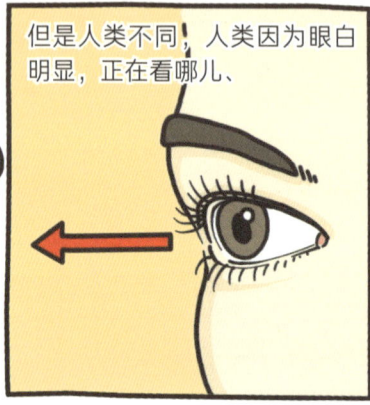

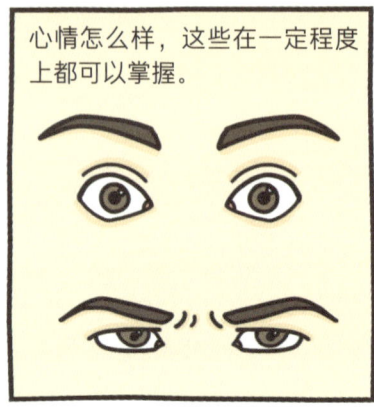

就会搞不清楚，	不知道它到底在看哪儿，	现在是什么状态，
应对起来就会更棘手。 在看哪儿呢？是现在吗？现在得扑上去吗？ 它打算做什么？我得逃跑吗？	但是人类不同，人类因为眼白明显，正在看哪儿、	心情怎么样，这些在一定程度上都可以掌握。
很有趣！	你问为什么只有人类有眼白？其实这个也是因为狩猎！	虽然现在几乎没有什么人狩猎了， 狩猎？杀害动物太残忍了！
但曾经人类也为了生存，奋力打过猎。 抓住它！别让它跑了！	人类在打猎的时候比任何动物都更注重合作， 我们一起合作就能抓到！我们一起上！	通过视线来理解和帮助彼此，选定战略。

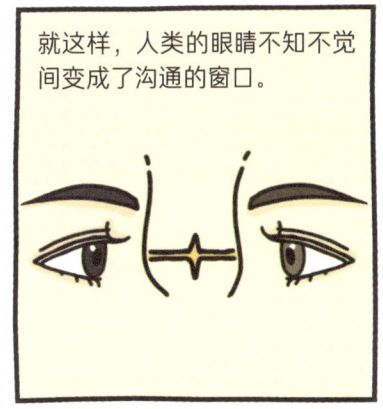

通过眼神能够确认对方盯着哪个猎物， 原来是那个家伙！	盯着猎物的哪个部分。 你要是盯着蹄子，我就盯住脖子！	就这样，人类的眼睛不知不觉间变成了沟通的窗口。
只要看眼神就能知道。	无论是握手，	还是说话的时候，
如果不对视的话， 这小子？ 这家伙？	很多人觉得对方的注意力不在自己身上，会感到不舒服。 这是在无视我？ 我知道你是什么意思了！	和其他动物完全不同，
我们乌鸦只要和什么一对视，马上就会变得紧张。 嗯？是想说什么吗？ 为什么总看我这边啊？	咕噜噜	我饿了！我得先走了，再见！

问题 26
为什么在食物上淋泡沫?

你好,我是泡沫。

你知道料理中也会用泡沫吗?

不好意思,你说的是什么意思?

想一想,我好像不知道呢。

那是因为在家里,

或者普通餐厅,

很难找到带泡沫的料理。

但如果去咖啡店或一些高档餐厅,

就能看到带泡沫的食物了。

其实泡沫和食物非常搭!

从非常小的泡沫,

到细碎泡沫,

再到大泡沫,泡沫的种类非常多。

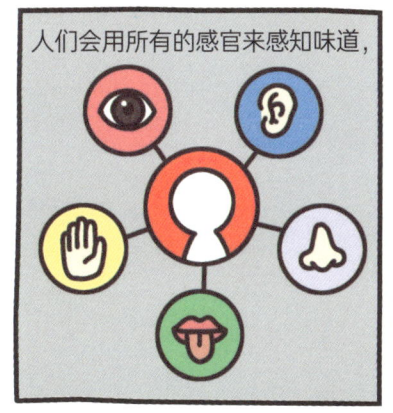

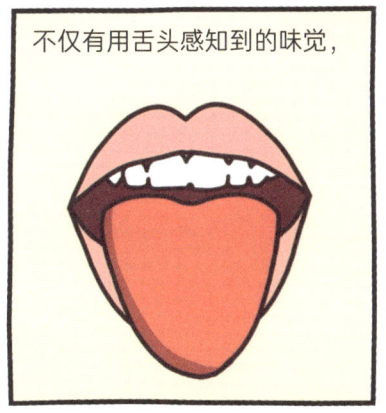

意式浓缩和氮气咖啡里有泡沫， ←氮气咖啡 ↑意式浓缩	沙拉和牛排中放的调味汁里也有泡沫，	甚至有的汤羹和果汁也是直接用泡沫做成的。
啊！别误会！	并不是为了耍酷故意往上面淋泡沫，	而是考虑到和食物的搭配，为了食物更加美味。 味道是最优先考虑的，我保证！
人们会用所有的感官来感知味道，	不仅有用舌头感知到的味觉，	用眼睛看到的视觉， 这个看起来真的很好吃呢？
闻到散发出来的气味的嗅觉， 哇，连气味也这么诱人。	嚼东西时感知到的触觉， 口感也非常优秀。	甚至还有听觉！ 连咀嚼的声音也很清脆，太完美了！

83

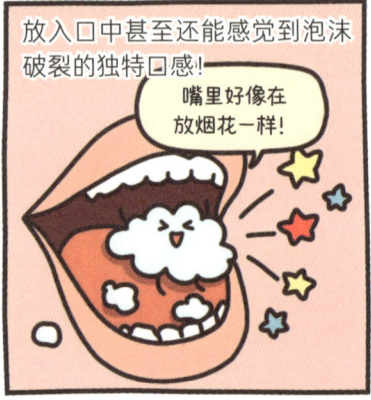

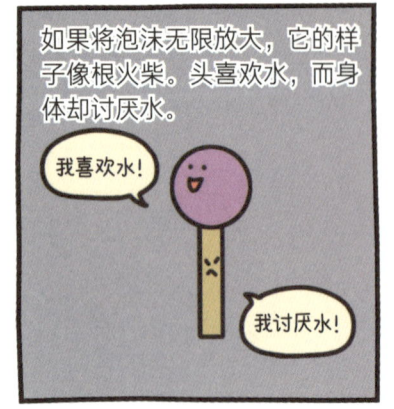

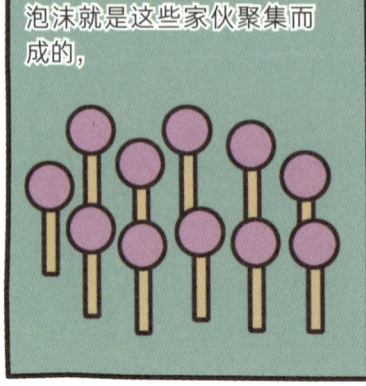

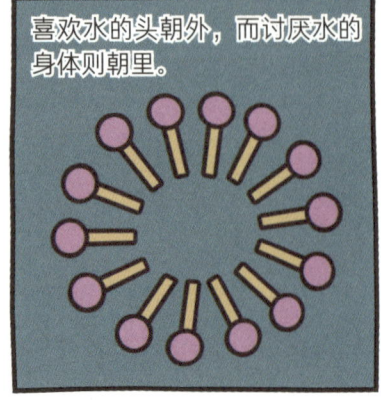

所有感官都给味道带来了非常巨大的影响。 "这是食物,也是幸福!"	在这里,泡沫起到了进一步提升食物味道的作用。	泡沫可以阻止内部气体扩散,
在破裂时能刺激嗅觉, "光是闻香味就感觉饱了。"	还能造成视觉冲击, "我这么好看,快把我吃掉吧。"	放入口中甚至还能感觉到泡沫破裂的独特口感! "嘴里好像在放烟花一样!"
味道?味道当然好了。 "满分100分,我给你10000分。"	你要问,小小的泡沫是怎么做到这些的? "我不相信这都是因为泡沫。"	"不就是简单的圆泡泡吗?" "这都是因为我的构造。"
如果将泡沫无限放大,它的样子像根火柴。头喜欢水,而身体却讨厌水。 "我喜欢水!" "我讨厌水!"	泡沫就是这些家伙聚集而成的,	喜欢水的头朝外,而讨厌水的身体则朝里。

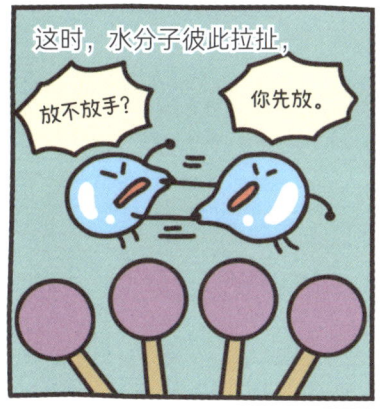

这时，水分子彼此拉扯， "放不放手?" "你先放。"	自然而然形成了液膜。	泡沫里是含着气体的，
所以食物的香味能保存更久，	吃的时候甚至还能感受到泡沫的柔软触感！	泡沫大小不同，用途也不同。通常小且绵密的泡沫会被加在饮料中， "啤酒和咖啡就是代表！"
泡沫能阻止下面的饮料香味散出去。 "安静待着!"	大泡沫主要用在调味汁里，	调味汁的香气和泡沫搭配起来，让食物的味道更加浓郁。 "我们亲密相处吧。" "当然!"
就是因为这些特性，泡沫和食物简直是天作之合。	现在回头再看，觉得我怎么样？是不是很了不起？	希望你也能尝到这种美食。

问题 27
无人机的机翼为什么有这么多种?

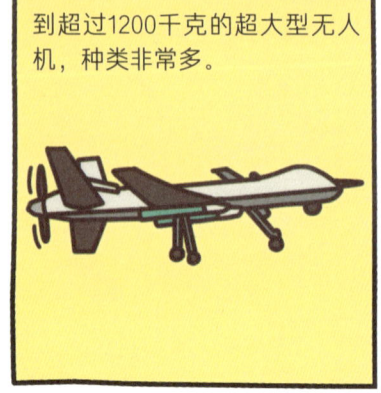

人们制造出来的、	在天上飞的物体有很多种!	直升机、
客机,	还有…… 咦?	无人机? 哇!那个不是无人机吗?
我的名字叫无人机,是可以在天上飞的家伙!	无人机是用无线电波操纵的	无人航空载具。没有乘坐人!
无人机从只有25克重的超小型无人机,	到超过1200千克的超大型无人机,种类非常多。	无人机最大的特征就是它的机翼。 机翼?

86

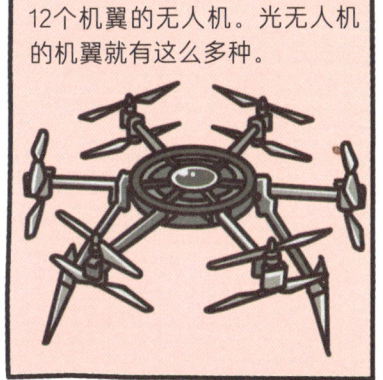

有3个机翼的无人机、	4个机翼的无人机、	6个机翼的无人机、
8个机翼的无人机、	12个机翼的无人机。光无人机的机翼就有这么多种。	这样下去,说不定将来会有100个机翼的无人机。
其他的航空载具,如客机或直升机,机翼个数都差不多,但是无人机居然有这么多种,真是神奇啊。 它的机翼为什么这么多呢? 就是说啊。	为什么只有无人机的机翼有这么大区别呢?	因为不同数量的机翼有着各自的功能和优缺点。
一般来说,无人机的机翼个数越多,	越能安全飞行,	同时还具备非常高的飞行性能,

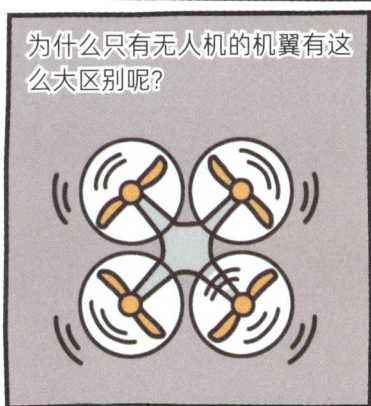

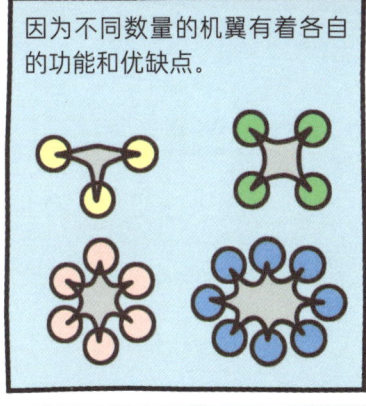

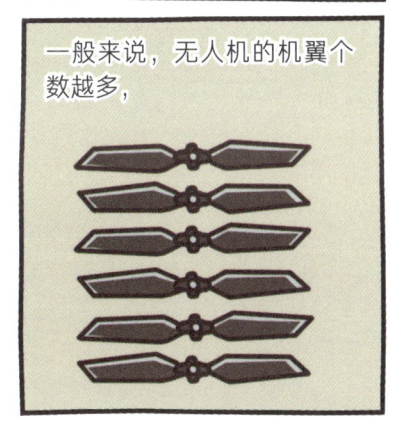

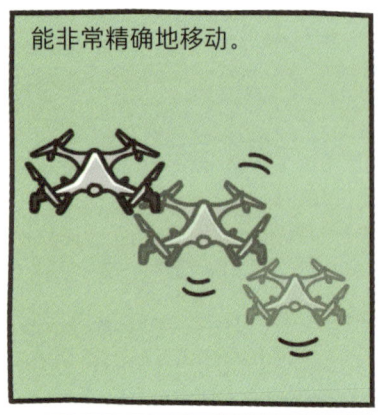

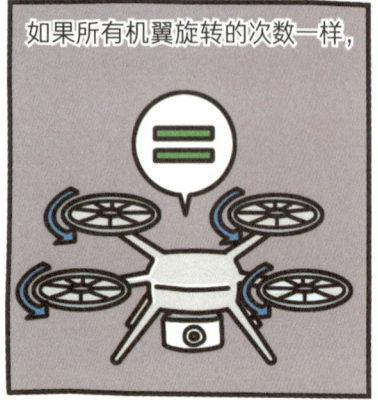

能非常精确地移动。	但是机翼个数越多,价格也就越贵, "宰人吧?哪有那么贵!"	尺寸也更大,
而且操作起来也更加困难。 "怎么不按我想的飞!"	如果想让无人机到处飞,	必须调整机翼的旋转次数。
如果所有机翼旋转的次数一样,	无人机就会稳定上升。	如果后面机翼旋转的次数提高,
无人机就会前倾着前进。	机翼个数越多,操作起来也就越难。 "哎呀呀,不、不行!"	当然,如果自身操作能力够强, "不怎么样嘛。" "看看我,跟我学一学怎么样?"

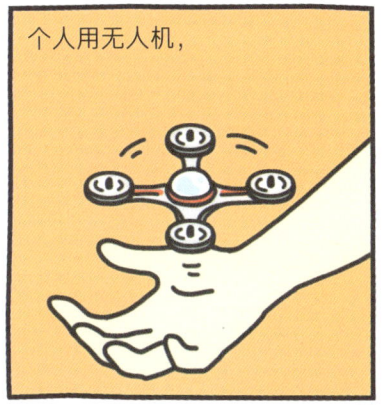

机翼多也会是精确飞行的优势。	所以电视台使用的摄像无人机，	或工业无人机这样高性能的无人机，
通常有6个或8个机翼。	个人用无人机，	一般有3个或4个机翼。
3个机翼的无人机稍微有一点特别， "特别？看来我很了不起啊！"	虽然机翼是单数的无人机不常见， "虽然有3个机翼的无人机，但是却没有5个机翼、7个机翼的无人机。"	但3个机翼的无人机却发展得很好！ "能变得更好。"
这都是有原因的。假如无人机的一侧机翼发生故障，	对面的机翼会立刻停止，	这样才能继续飞行。 "没关系！我现在还能飞！"

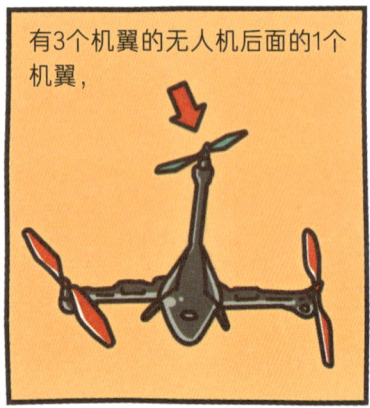

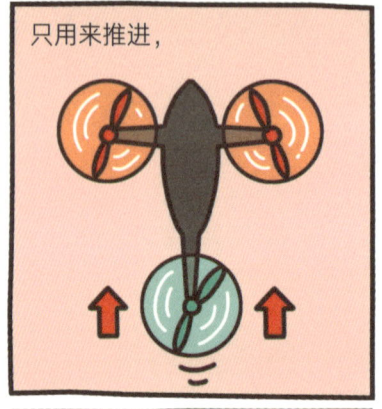

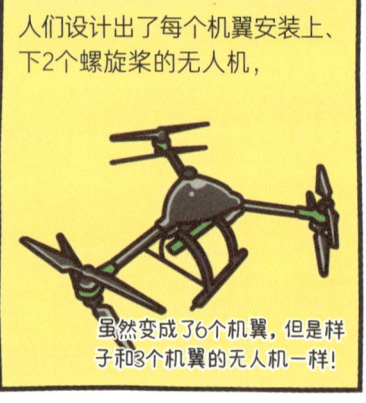

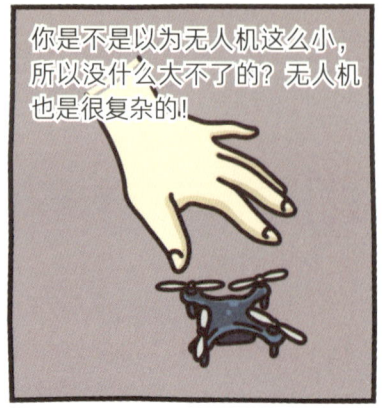

也就是说，如果机翼是单数，有1个机翼坏掉，	就会直接原地坠落。	尽管如此，那为什么存在3个机翼的无人机呢？
有3个机翼的无人机后面的1个机翼，	只用来推进，	所以和其他无人机相比，不管是加速，
还是转向，表现都非常优秀。	在3个机翼的基础上，	人们设计出了每个机翼安装上、下2个螺旋桨的无人机，
这样即便有1个螺旋桨出现故障，用剩下的1个也能飞行。	当然，与其他无人机相比，它的力量不是很足。	你是不是以为无人机这么小，所以没什么大不了的？无人机也是很复杂的！

问题 28
为什么每个人手的样子都不同?

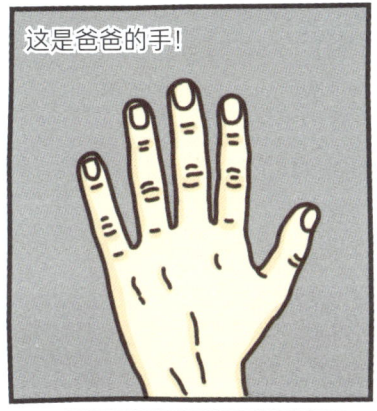

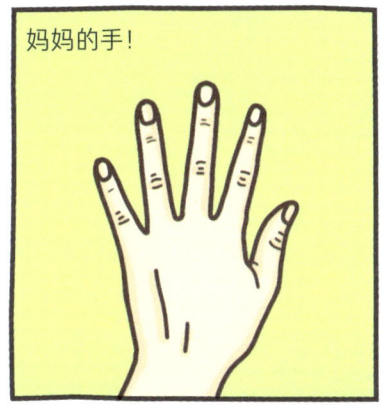

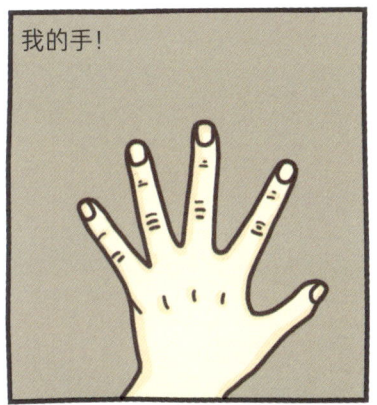

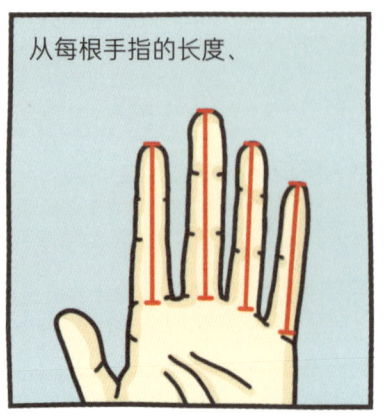

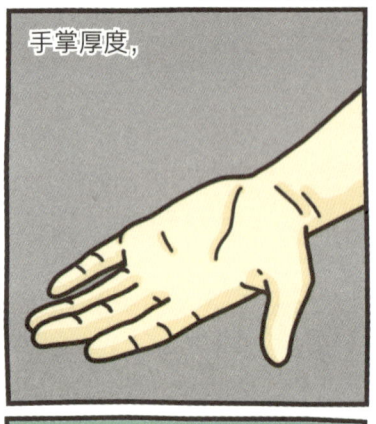

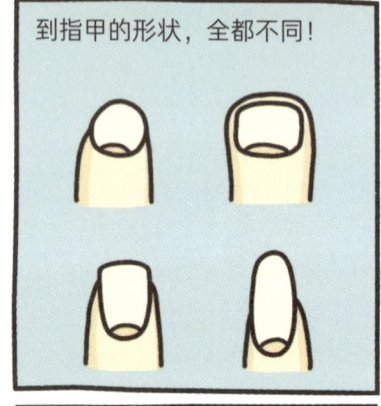

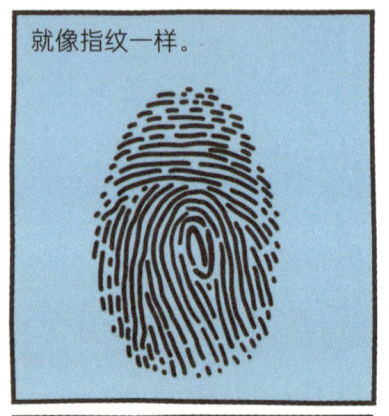

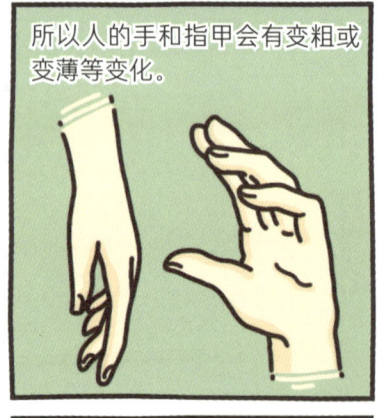

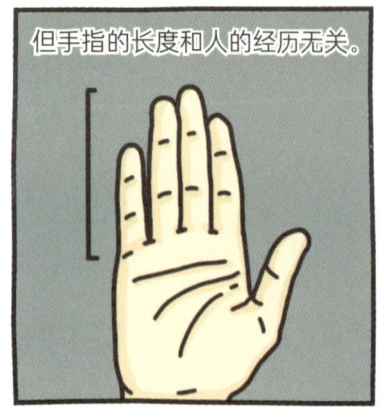

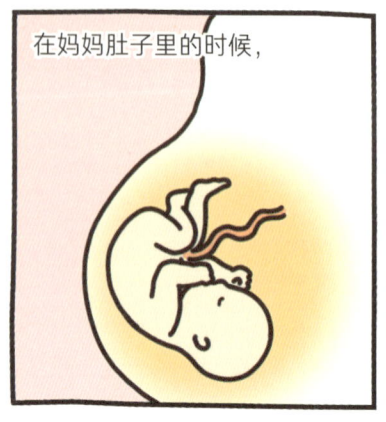

承焕你这臭小子！你差点吓死爸爸！	每个人手的形状本来就不同，即便是父母和子女之间也是这样。 我们全都不同！	从每根手指的长度、
手掌厚度，	到指甲的形状，全都不同！	就像指纹一样。
特别是手掌厚度和指甲，人和人之间有很大的区别。这是因为人从出生到老去，	彼此的工作和生活经历都不相同，	所以人的手和指甲会有变粗或变薄等变化。
但手指的长度和人的经历无关。	在妈妈肚子里的时候，	在激素的作用下，手指的长度就已经确定了。 激素？

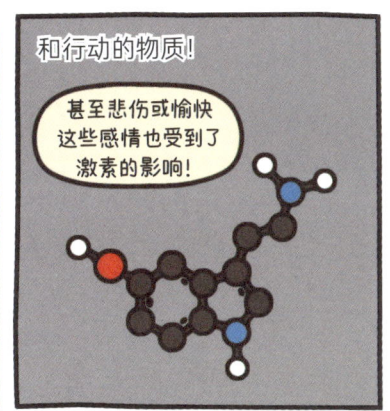

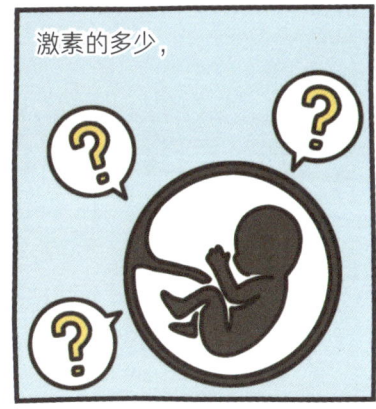

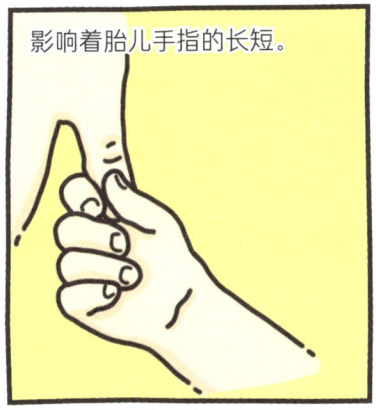

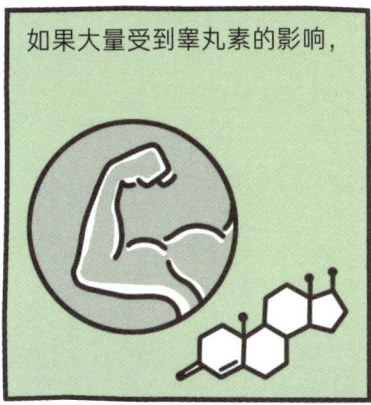

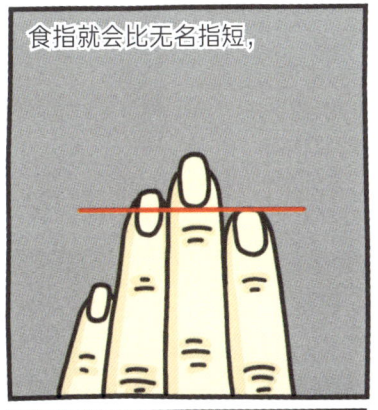

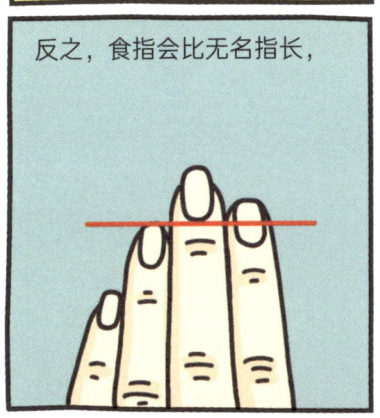

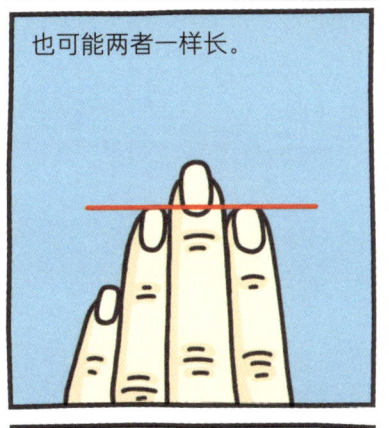

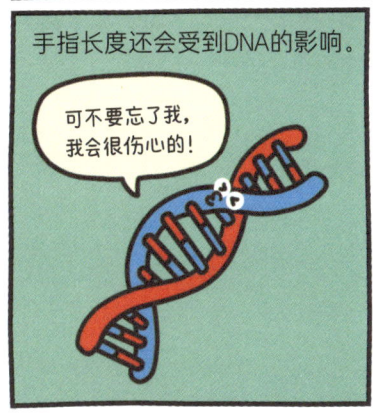

激素是能调节各种生理现象 大便或放屁等我们身体里发生的自然的事情，就是生理现象！	和行动的物质！ 甚至悲伤或愉快这些感情也受到了激素的影响！	激素的多少，
影响着胎儿手指的长短。	如果大量受到睾丸素的影响，	食指就会比无名指短，
反之，食指会比无名指长，	也可能两者一样长。	手指长度还会受到DNA的影响。 可不要忘了我，我会很伤心的！
现在知道了吧？每个人手的样子必然是不同的！ 原来还有这样的秘密！	所以妈妈和爸爸是你的亲生父母！	原来是这样啊？那家庭会议到此结束！嘿嘿！

93

问题 29
为什么不同大小的雨滴形状不同?

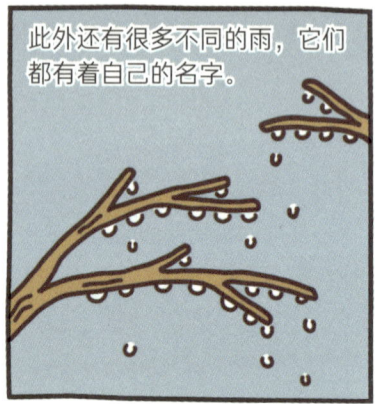

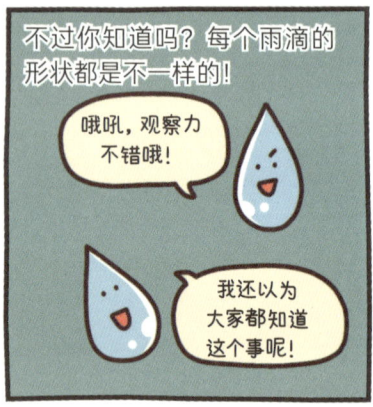

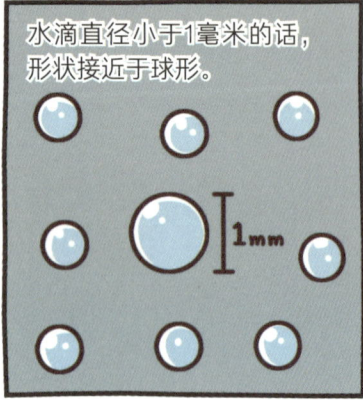

在韩国，人们很久以前就很喜欢雨。
- 主人，您看，外面下雨了。
- 是啊，怎么办呢？

有细密的小雨，

有晴天下一阵的太阳雨，

还有突然猛下又很快停止的雷阵雨。

此外还有很多不同的雨，它们都有着自己的名字。

不过你知道吗？每个雨滴的形状都是不一样的！
- 哦吼，观察力不错哦！
- 我还以为大家都知道这个事呢！

说到雨滴，人们总会想到眼泪状的样子，
- 难道雨滴不长这样吗？

但这是错觉！
- 真的？

其实不同大小的雨滴，形状也不同。
- 水也是"因水而异"的，嘿嘿。

扑 通

水滴直径小于1毫米的话，形状接近于球形。

1mm

如果直径大于1毫米的话，就会变成椭圆形。

如果直径在4.5毫米以上，

4.5(mm)

超大的水滴

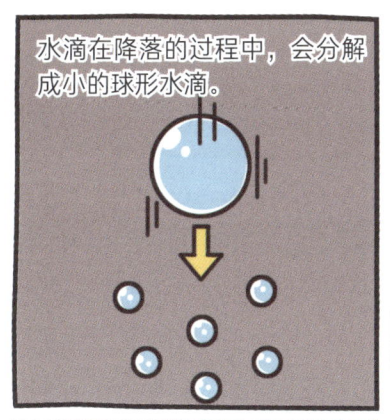

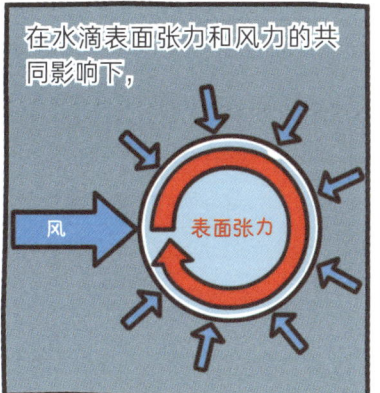

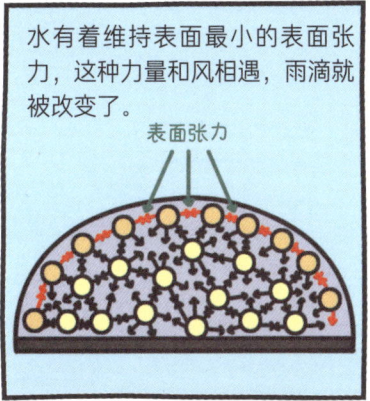

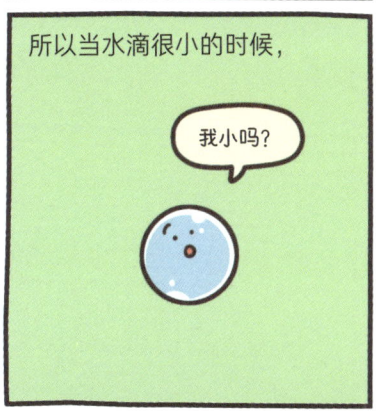

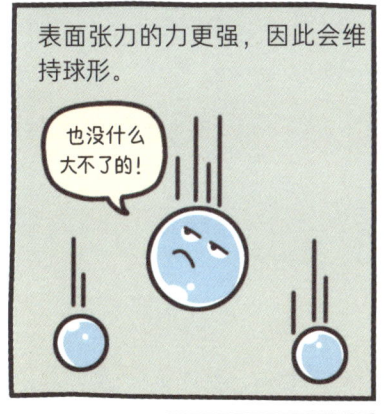

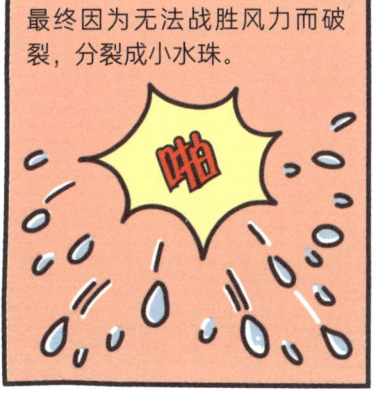

水滴在降落的过程中,会分解成小的球形水滴。	在水滴表面张力和风力的共同影响下,	雨滴的形状发生了变化。
水有着维持表面最小的表面张力,这种力量和风相遇,雨滴就被改变了。	所以当水滴很小的时候, 我小吗?	比起风力, 怎么样?我们的力气!
表面张力的力更强,因此会维持球形。 也没什么大不了的!	但是如果水滴变大, 我确实变大一点了。	在风力影响下,水滴会变平,
如果再变大,就会像甜甜圈一样,变成中间凹进去的形状,	最终因为无法战胜风力而破裂,分裂成小水珠。 啪	虽然人的肉眼无法清晰看到,但雨滴其实也有很多形状。 没想到雨滴居然还有这样的秘密?

问题 30
帆的样子为什么不同?

最近的船都使用机械力量驱动,所以你可能不知道"帆"这种东西。

帆是什么?

使用帆的船,叫作帆船。

我上面挂着的就是帆!

现在想看到真正的帆船越来越难了。

帆!你在哪!回答我一下!

但在过去,配合划桨一起使用的帆,

我们一起用力划!

是让船移动的最大力量。

你居然说我只不过是一匹宽大的布?

帆利用的是风力。

在海面上刮过的风,

咦,那是什么?我们去看看?

如果和帆相撞,

啊呀!

因为帆的阻挡,风无法通过,所以会推动帆,

嗯!

嘀!

这个!

最终风力推动着船前进了。

哎哟,谢谢你。

其中最具有代表性的是三角帆和方形帆。

我是三角帆!

我是方形帆!

为什么帆的形状如此不同呢?

说不定我们是天生的对手。

不!也可能我们关系很密切呢!

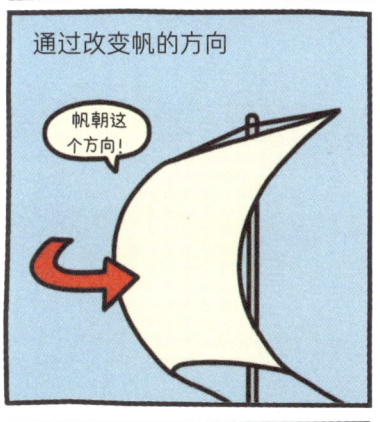

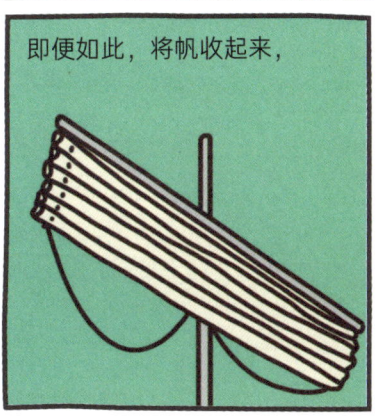

方形帆可以最大限度地接收风力。 啊哈！风，你可过不去了！	如果船前进的方向和风吹的方向一致，	船的速度就会非常快，这是方形帆的优点！ 真是快啊！ 当然！因为是顺风啊！
不过，如果遇到逆风， 与船行进方向相反的风就是逆风！	船就会变得非常缓慢。 天哪！船长，是逆风！ 出大事了。	那船岂不是会因为逆风完全停下来？事实上并不会。 都会有解决办法的。 飞走
通过改变帆的方向 帆朝这个方向！	和船的方向， 船朝这个方向！	船就能沿着之字形前进了，只不过要多绕一段路程。
如果逆风的风力太过强劲的话，那就没有办法了。 没办法了。	即便如此，将帆收起来，	划着桨也能缓慢地前进，所以不用担心！ 先得离开逆风的区域！

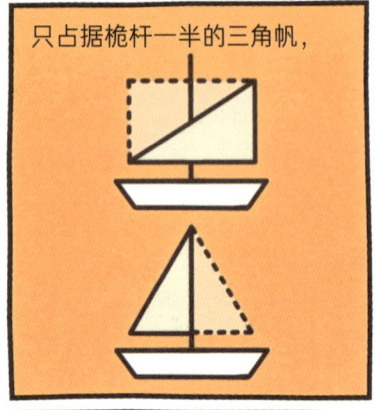

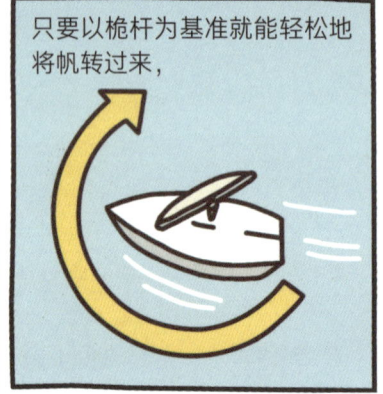

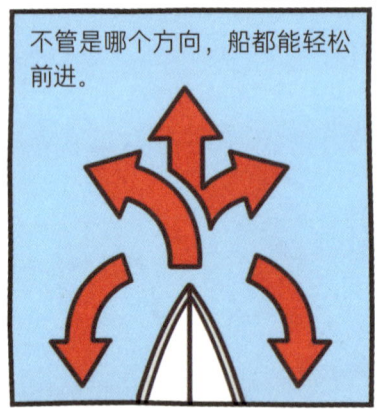

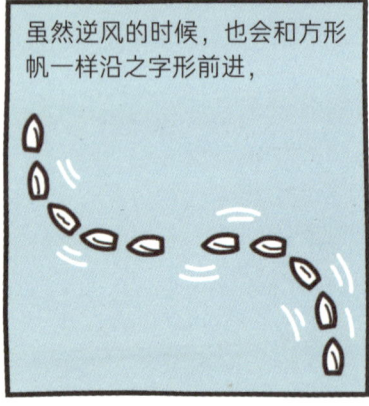

比起方形帆，三角帆接收到的风力更小， "你漏风。" "我知道！"	所以前进的速度比方形帆慢。 "我先走啦！" 咻	不过三角帆比方形帆更容易转向。
只占据桅杆一半的三角帆，	只要以桅杆为基准就能轻松地将帆转过来，	所以移动帆很容易。
如果根据风向将帆调整到合适的角度， "风是这个角度的！"	不管是哪个方向，船都能轻松前进。	虽然逆风的时候，也会和方形帆一样沿之字形前进，
但是会比方形帆更快、更方便。 "我先走了。" "这小子居然敢朝笑我！"	所以方形帆和三角帆各有优点， "不管怎么说，还是我更好！" "不，我更好！"	在那些很大的船上都会用到。

问题 31
韩国的插座为什么是这种形状？

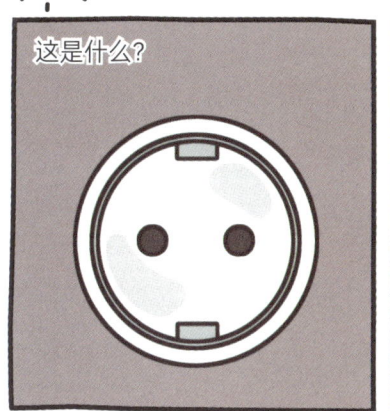

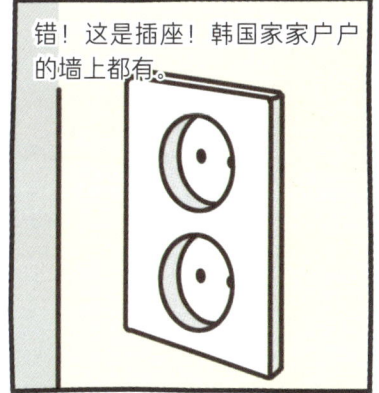

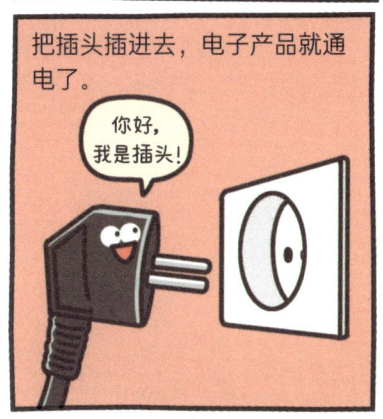

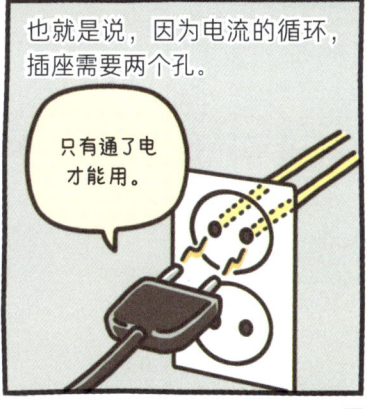

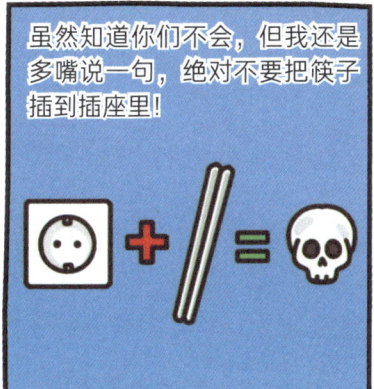

这是什么？	难道是猪鼻子？	错！这是插座！韩国家家户户的墙上都有。
把插头插进去，电子产品就通电了。"你好，我是插头！"	不过为什么插座有两个孔，这一点可能连70岁的老爷爷也不清楚。	不过我知道插座有两个孔的原因！
电流一直是循环的。	既然是循环，所有电流就需要有进去的地方和出来的地方。	也就是说，因为电流的循环，插座需要两个孔。"只有通了电才能用。"
是不是觉得很简单？"太简单了，我都困了。"	虽然知道你们不会，但我还是多嘴说一句，绝对不要把筷子插到插座里！	那样电流会从我们的身体流过。

我们可能会触电身亡！
啊啊啊啊啊！
这样做真的很危险！
知道了吗？那我先走了。
喂！那位朋友！
看来是只知其一
不知其二啊！
这么轻视我这个
上了年纪的老爷爷，
我能坐视不理吗？
没办法！现在到了我这个
老爷爷的补充说明时间！
插座形状其实有很多种。
不同电压、
电流的强弱
就是电压！
不同频率下，
频率是指电流在
1秒内变换的次数！
1赫兹
2赫兹
1000赫兹
1秒
1秒
1秒
插座的形状、尺寸也不同。
没错！
所以其实每个国家的插座形状
都不同！
什么？每个
国家都不同？
例如，韩国的电压是220伏，
电流频率是60赫兹，所以使用
的是两个孔的插座。

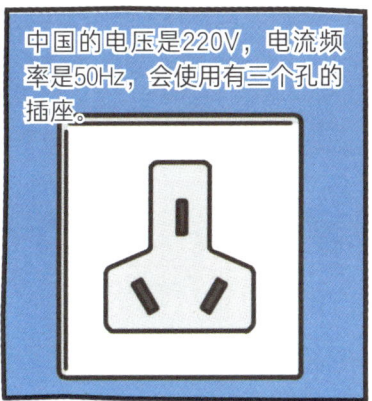

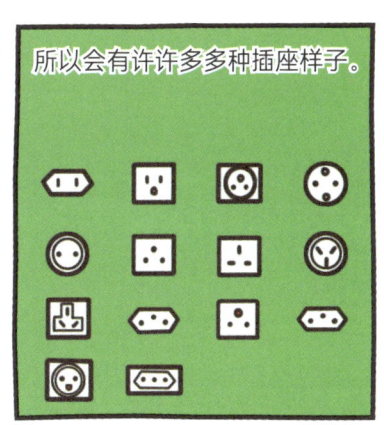

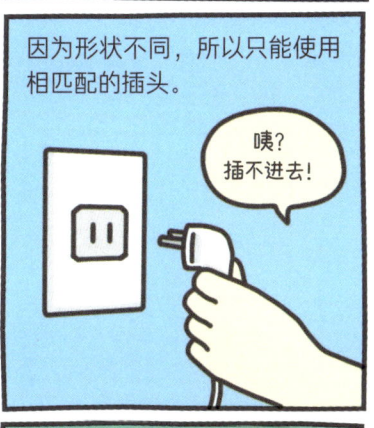

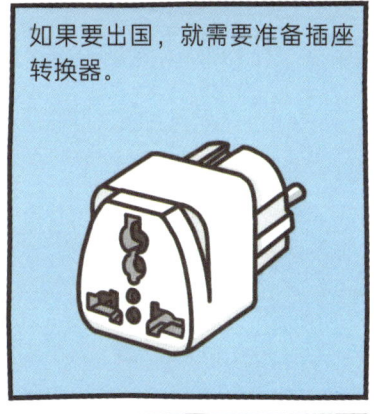

中国的电压是220V，电流频率是50Hz，会使用有三个孔的插座。	每个国家的电力情况不同， "我们是这种电流。" "我们是这种电流。"	所以会有许许多多种插座样子。
因为形状不同，所以只能使用相匹配的插头。 "咦？插不进去！"	如果硬插进去也通不了电， "这次又是怎么回事？明明插电了，为什么不工作呢？！"	只有插进与插座形状匹配的插头，电流才能流通。 "好痛苦！愚蠢的人类总插一些奇怪的插头进来！" "没关系！现在是对的了！"
如果将在本国购买的电子产品带到国外用， "手机是必需品，必须得带上充电器！"	插头和插座就有可能不匹配，所以非常不方便。 "插头为什么是这种形状？" "插座为什么是这种形状？"	如果要出国，就需要准备插座转换器。
插座转换器是让与插座不匹配的插头变得匹配的工具。 "插进去了！" "也启动了！"	当然，在了解插座转换器之前，得先弄明白什么国家使用哪种插座。 "带错插座转换器了！应该提前了解一下的！"	最后在我离开之前，给你们展示一下，世界上可是有很多很神奇的插座呢！

下面就是不同国家的插座样式!

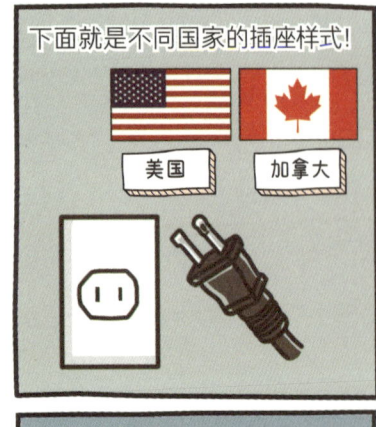

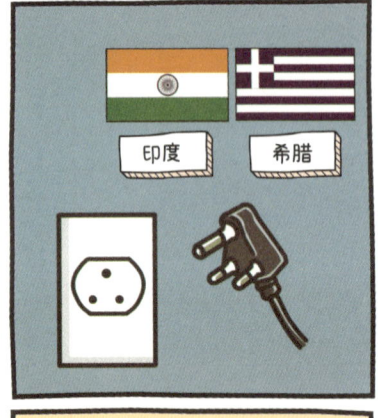

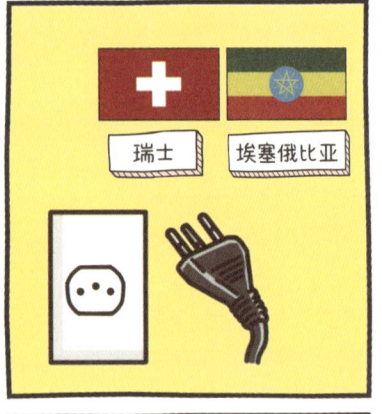

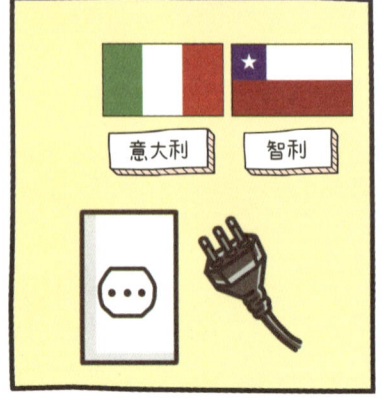

美国 / 加拿大	墨西哥 / 菲律宾	德国 / 荷兰
印度 / 希腊	比利时 / 法国	英国 / 新加坡
以色列	澳大利亚 / 阿根廷	瑞士 / 埃塞俄比亚
丹麦 / 孟加拉国	意大利 / 智利	南非 / 斯威士兰

问题 32
韩国有的插头为什么是直角形的?

格1: 爷爷!等一下!

格2: 嗯?怎么了?

格3: 爷爷您讲得太快了,没听到我问问题。

格4: 是吗?

格5: 我问您有的插头为什么是直角形的,您没听到。

格6: 啊,这个啊!好,那我给你讲讲。

格7: 首先你得知道接地是什么,而且得弄清楚漏电!
接地?漏电?

格8: 电流从我们使用的电子产品中不知不觉地一点点漏出来,这就叫作漏电。
我是漏出来的电!

格9: 漏出来的电既会从电子产品中流过,也会在外面流淌。

格10: 不管电子产品是开还是关,漏的电都会流出。
爷爷说得有点太严重了!不过是对的!

格11: 如果量很小,人们几乎感觉不到,所以不会触电,
什么也没有啊,你怎么说有电流流过呢?

格12: 只不过用的电会更多。
电费好像多了点。

但只有在电子产品正常的情况下会这样！
因为是正常的，所以什么事也没有！还是人类呢，连这个都不知道？
如果电子产品不正常，就可能会导致机器故障，
冰箱怎么回事？里面的东西都坏了！
或者人碰到机器导致触电，
啊啊啊！
还可能引发火灾。
火！火！
起火了，火！
所以需要让这种漏出来的电流向地面，
这就叫作接地。
漏电这边来，你得往地面走。
哼！知道了！
不过如果做接地，得在插头上加上这种接地极和接地线。
我是接地线！我是将漏电输往地面的通道！
我是接地极！把漏电输往地面的入口！
一个薄插头和一个厚插头，哪个产品加了接地功能，一看就知道了吧？
我呀，是我！
也就是说，直角形插头是我们一直在说的接地插头。
那么，所有的接地插头都是直角形的吗？当然不是，也有一字形的。
直角形插头并不只有接地功能，做成这样也是防止插头断裂，保护使用者的安全。
你和我还有这样的区别呢！
现在知道了吗？那爷爷真的要走了。
不行！等一下！

问题 33
韩国有些插座孔为什么旋转45度？

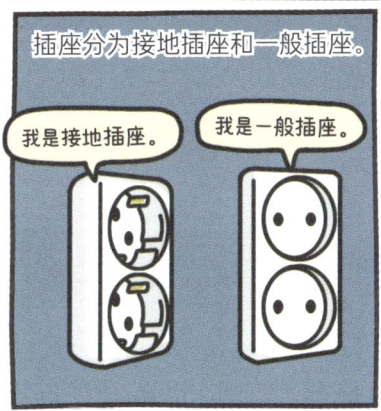

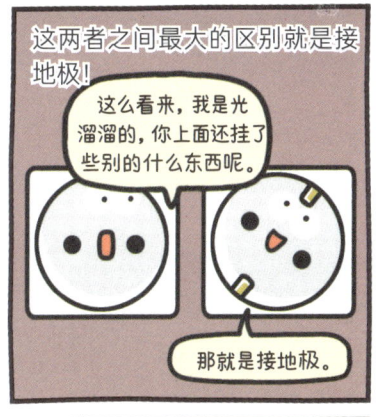

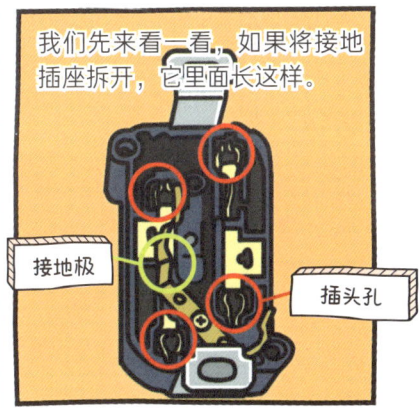

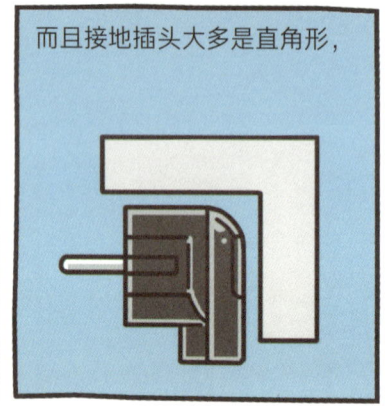

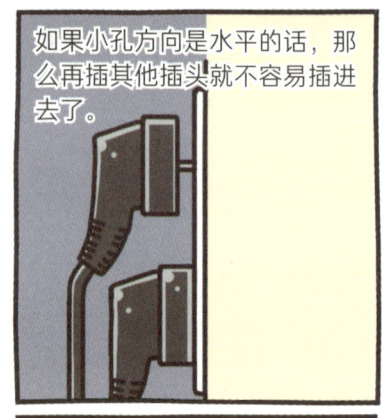

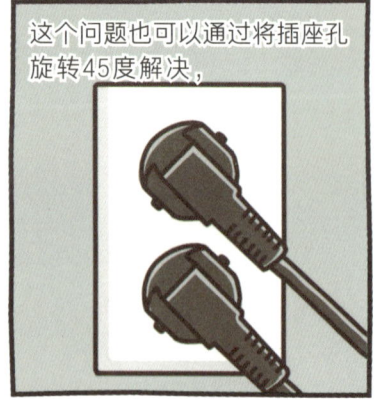

假如插座的小孔是水平或垂直的，	不仅很难放置接地极，	而且万一插头和插头孔、接地极碰到一起会很危险！
如果插座孔旋转45度的话，就不会发生这种事情了。	而且接地插头大多是直角形，	如果小孔方向是水平的话，那么再插其他插头就不容易插进去了。
咦？似乎可以倒过来插呢。	如果倒过来插，插头的线容易被折断，	进而发生电线暴露等问题，所以千万别这么做！ 啊！
这个问题也可以通过将插座孔旋转45度解决，	所以大多数的接地插座的小孔是旋转了45度的。 原来不是为了折腾人故意这么做呀！	呼，真的太感谢了！我要是有什么问题没有找到答案，就会连觉都睡不着。 不用谢！我也很久没有这么开心了。

问题 34
脸为什么长这样?

大家好! 我是人类。
圆鼓鼓

喵! 我是猫!

汪汪! 我是狗!

下面虽然是不同动物的脸,但是结构却都相似,不觉得很神奇吗?看!不仅是我们人类,大家都有两只眼睛、两只耳朵、一张嘴和一个有两个鼻孔的鼻子。

为什么会这样呢?五官明明可以随便排列,可是大部分动物的五官排列位置都差不多!

如果是这样的脸,那不就成了怪物吗?

而且也没有规定五官一定要长在脸上啊。

这样的话不是怪物是什么!

长得也太吓人了。

这不都是你的杰作嘛!

其实脸长成这样,都是有原因的。

这才对嘛。要是长成这副丑样子,我就没法儿活了!

并不是为了看上去舒服、漂亮,

砰

而是与功能和结构有关。

功能和结构?

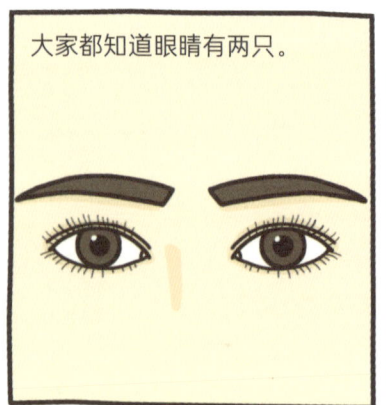

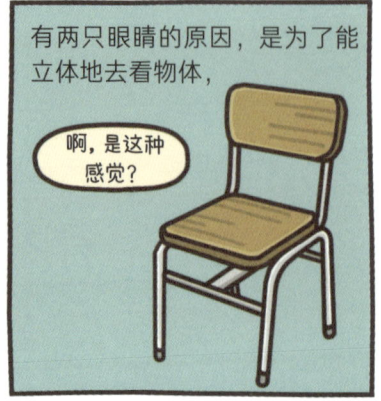

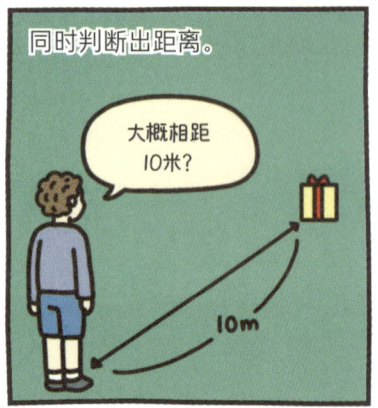

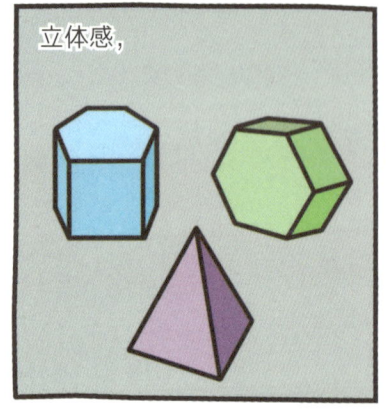

先说能看到美丽世界的眼睛! 瞧瞧这花海!实在太漂亮了!	大家都知道眼睛有两只。	有两只眼睛的原因,是为了能立体地去看物体, 啊,是这种感觉?
同时判断出距离。 大概相距10米? 10m	当然,只用一只眼睛也能估量出物体的大小、颜色、外形。 遮住一只眼睛也能看得很清楚呢。	但是远近距离、
立体感,	只用一只眼睛是很难精确感知的。 太难判断了!	当然,如果从很小的时候就开始只用一只眼睛生活的话,可能会好一些。 和用两只眼睛看相比的话,还是有很多不便。
闭上一只眼睛上下楼梯, 咦?	或者骑自行车,就能真切地感受到不便了。 啊呀! 哆嗦 哆嗦	但千万不要尝试!会受伤的!

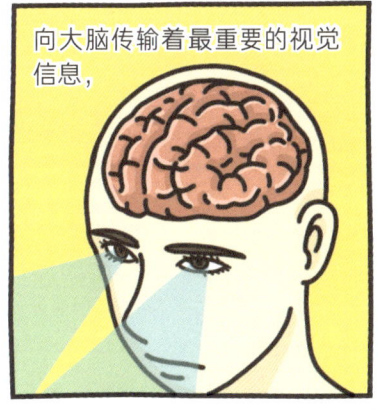

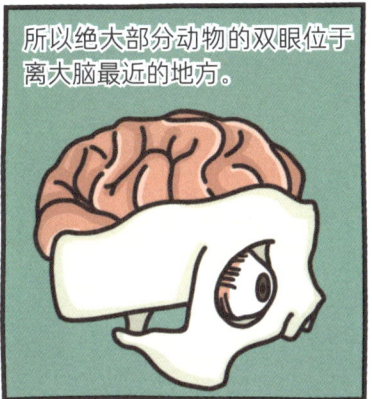

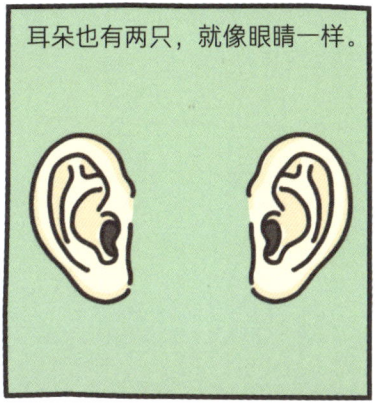

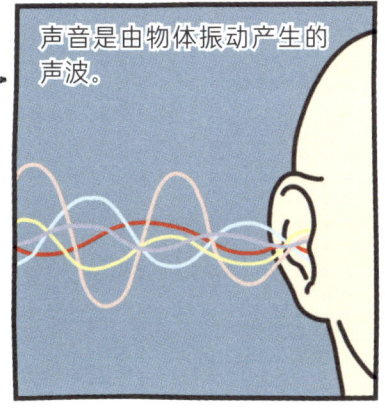

因为双眼在识别某物， 啊！远处那是妈妈！	或者判断某种情况的时候， 是悬崖！危险！	向大脑传输着最重要的视觉信息，
所以绝大部分动物的双眼位于离大脑最近的地方。	耳朵也有两只，就像眼睛一样。	耳朵有两只的原因很简单，为了更清楚地听到声音。 这不是显而易见的嘛！
可是也并不只是听得清楚， 嗯？	长两只耳朵，是为了在看不到的情况下，也能分辨出声音传来的方位。 声音是从那边传来的！	这利用了声音的性质。 咚咚　哗啦　嘎吱　哗啦
声音是由物体振动产生的声波。	声音以波的形式振动传播。	例如演奏乐器，

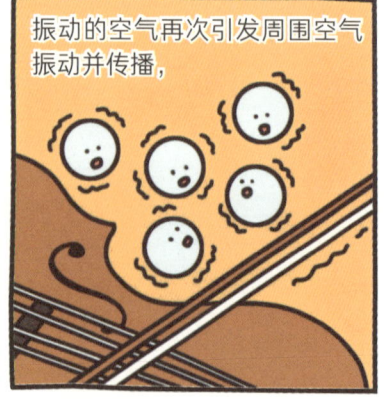

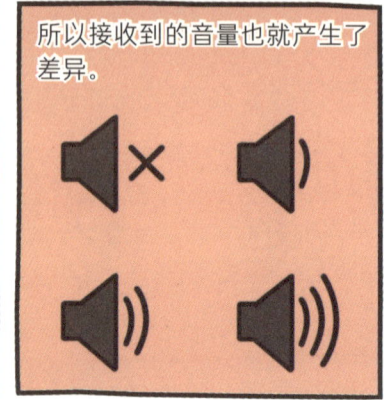

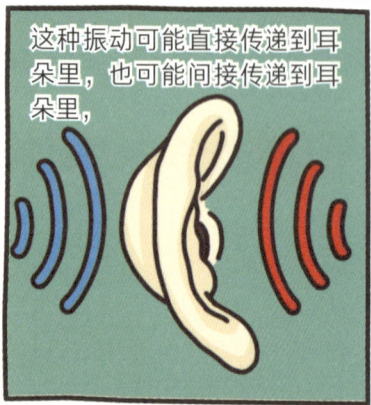

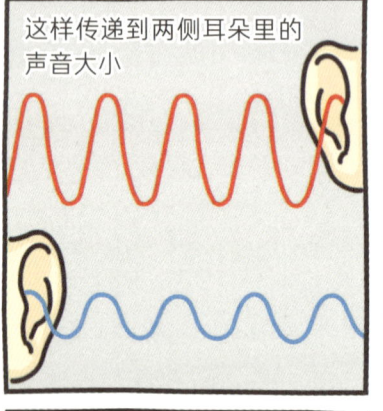

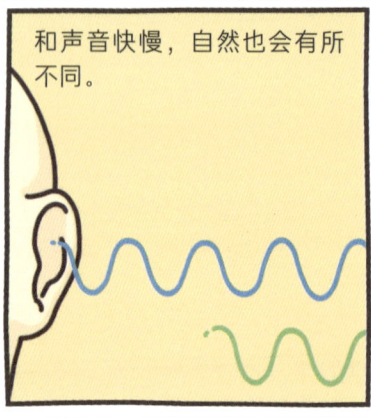

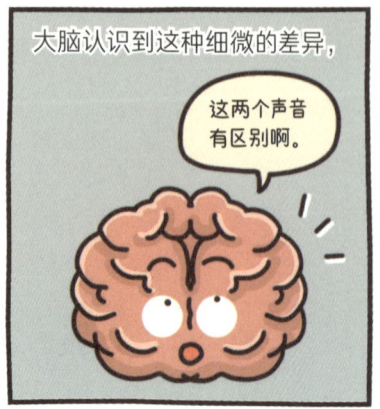

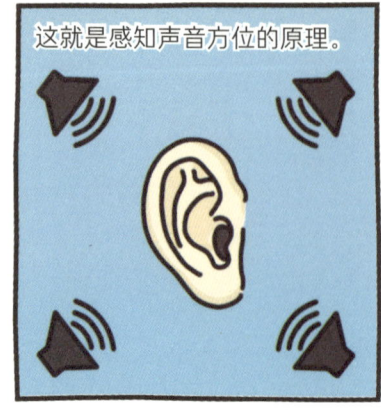

乐器带动周围空气振动，	振动的空气再次引发周围空气振动并传播，	最终传递到了我们的耳朵里。声音的本质就是我们的振动！
因为两只耳朵之间有距离，	所以接收到的音量也就产生了差异。	而且声音传来的方位不同，
这种振动可能直接传递到耳朵里，也可能间接传递到耳朵里，	这样传递到两侧耳朵里的声音大小	和声音快慢，自然也会有所不同。
大脑认识到这种细微的差异，"这两个声音有区别啊。"	就能知道声音是从哪个方向传来的了，"声音一定是从这个方向传来的！"	这就是感知声音方位的原理。

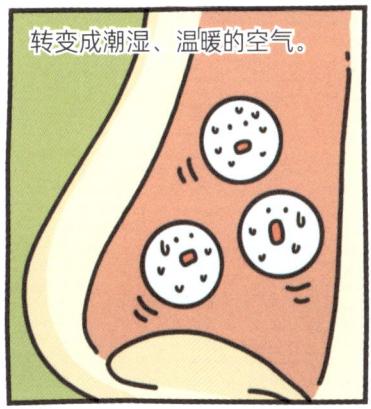

如果耳朵都挤在一边岂不是完蛋了? 虽然有声音传来,但是是哪个方向传来的呢?	所以只要是有耳朵的动物,它们的耳朵都是分开的!	和眼睛、耳朵不同,鼻子只有一个。 我就一个!
但却有两个孔。 但孔却是两个! 一张 一合	这两个孔能让我们轻松自在地呼吸, 早晨的空气真清爽啊。	能更好地闻到气味, 这个味道是?肉香!
能分辨出味道传来的方向。 是这边,这边传来烤肉的香味!	这个秘密就藏在鼻子里。 我的里面?	因为不能亲眼看到自己鼻子内部的结构,所以很多人并不怎么了解。 挖鼻屎的时候可以把手指放进去感受一下,想亲眼看到当然是不可能的。
鼻子里面覆盖着一层柔软的黏膜。	黏膜的作用是将鼻子吸入身体的空气,	转变成潮湿、温暖的空气。

111

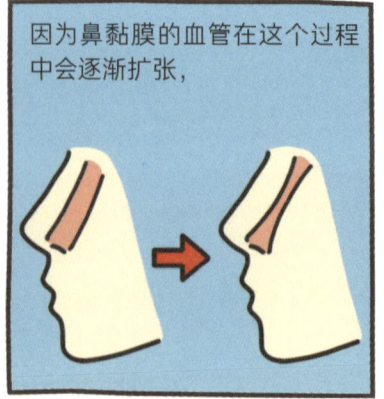

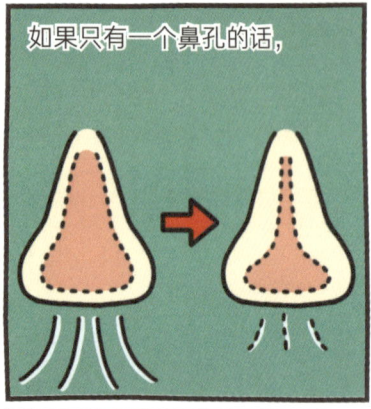

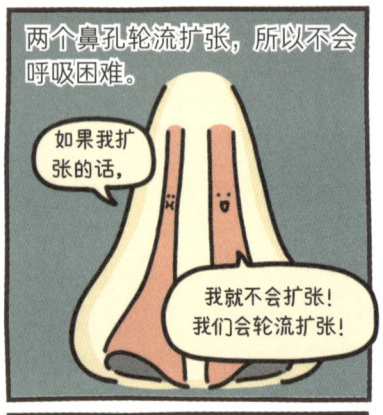

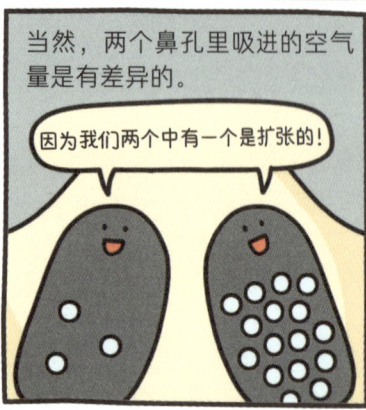

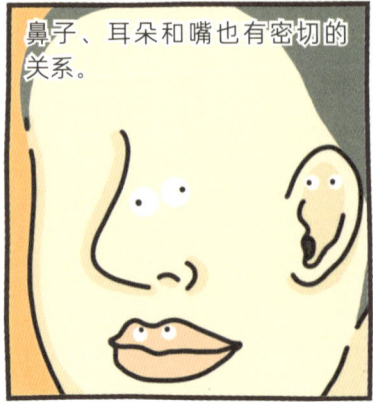

这是鼻子通过分泌黏液做到的。	因为鼻黏膜的血管在这个过程中会逐渐扩张，	空气进出的通道渐渐变窄。
如果只有一个鼻孔的话，	那么呼吸就会越来越困难。 喘、喘不过气来了！	两个鼻孔轮流扩张，所以不会呼吸困难。 如果我扩张的话， 我就不会扩张！我们会轮流扩张！
当然，两个鼻孔里吸进的空气量是有差异的。 因为我们两个中有一个是扩张的！	鼻孔吸入的速度和空气量不同，	所以吸入的气味粒子的量自然也不同，
因此我们能判断出气味是从哪个方位传来的。	因为就像大脑能察觉到声音的细微区别一样，大脑也能区分出气味粒子的差异。 我感觉到气味的差异了！	鼻子、耳朵和嘴也有密切的关系。

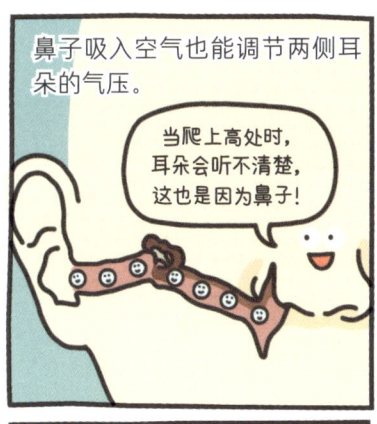

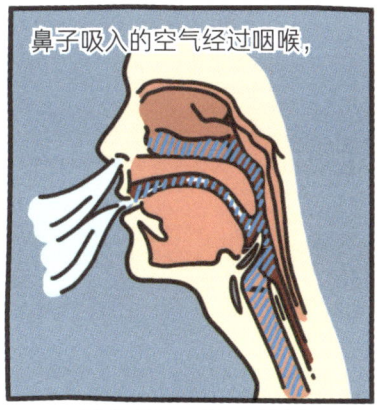

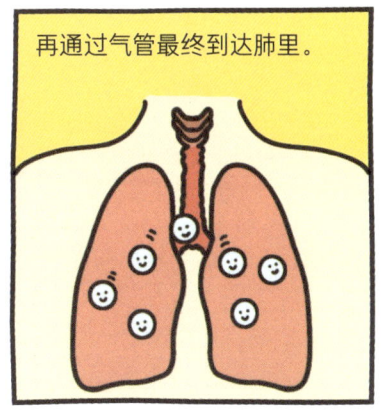

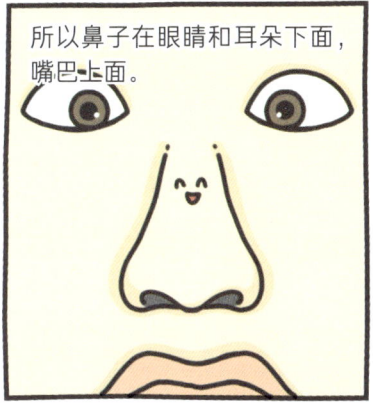

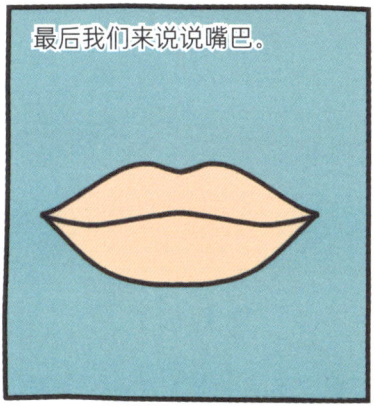

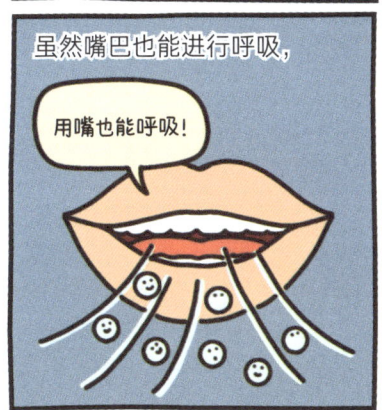

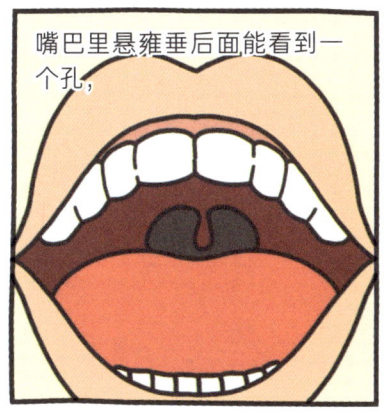

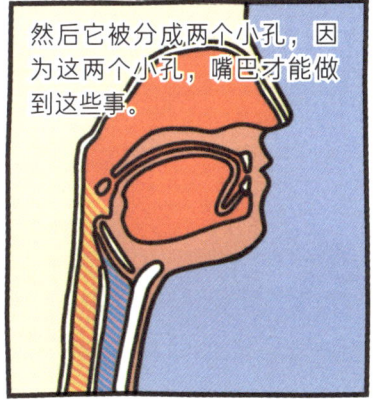

鼻子吸入空气也能调节两侧耳朵的气压。 当爬上高处时，耳朵会听不清楚，这也是因为鼻子！	鼻子吸入的空气经过咽喉，	再通过气管最终到达肺里。
所以鼻子在眼睛和耳朵下面，嘴巴上面。	用鳃呼吸的鱼也是这样的！ 我们也是这样！	即便不用鼻子呼吸，想要能闻出气味，鼻子必须和大脑连接才行。
最后我们来说说嘴巴。	虽然嘴巴也能进行呼吸， 用嘴也能呼吸！	但嘴更重要的功能是接收食物、感知味道 嘎吱嘎吱
和发出声音。 一闪一闪亮晶晶。	嘴巴里悬雍垂后面能看到一个孔，	然后它被分成两个小孔，因为这两个小孔，嘴巴才能做到这些事。

一个孔通向食道，是吃进去的食物进入的地方。
向着胃部前进！
另一个孔通向气管，是空气进出的通道。
我们向着肺前进吧！
气管的入口有一个特别的部件，叫声带，
能发出声音。
您好！
你的声音很洪亮啊。
虽然嘴的样子看起来像一个口袋，但其实它的结构很复杂。
你看到的并不是全部！
没有动物的嘴会长在奇怪的地方，
也没有动物长很多张嘴。
如果嘴比鼻子高，那么呼吸就会有问题，
咳咳，这样下去就要喘不过气来了！太难受了！
而且如果有好几张嘴的话，就需要形成对应数量的通道。
效率低不说，而且也没有这样的理由。
你在搞什么！
你还觉得脸是随便长的吗？并不是！
我之前还以为是随便长的呢！
所以他长得漂亮，而我长得不好看也是有原因的？一定是这样！对吧？
那个，下次再见！告辞！

问题 35
大多数动物的身体为什么左右对称？

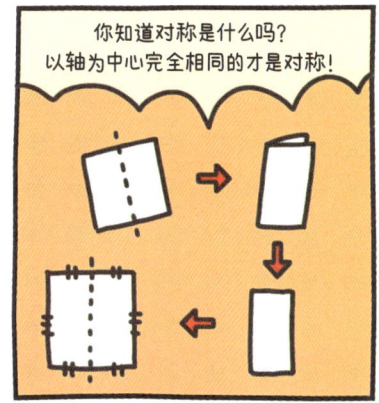

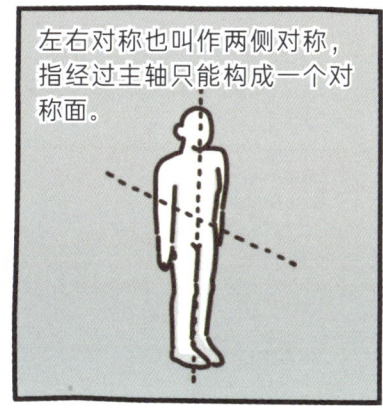

那个，你知道吗？

什么？

大多数动物的身体是左右对称的。

你说什么？光看你的脸，左右就不一样呢！

你真是，烦人！

是你太没有幽默感了。

不是有这么一句话嘛，有左胳膊就有右胳膊，有左腿就有右腿！

你知道对称是什么吗？以轴为中心完全相同的才是对称！

那是数学方面的，生物学上的对称有点不一样。

生物学上的对称只要大致相同就可以了。

讨厌！难道你知道为什么动物是左右对称的？

我知道所以才问你呀。想一想！

哼！

左右对称也叫作两侧对称，指经过主轴只能构成一个对称面。

动物以这条轴为基准，可以分为左半身和右半身，这两部分是对称的。

115

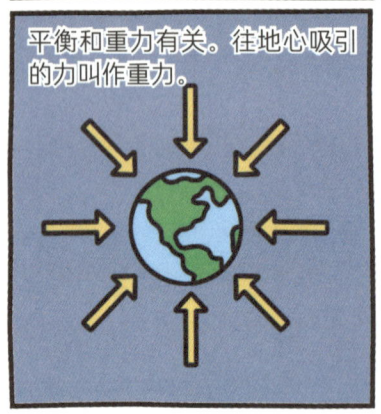

包括人在内的大部分动物都是这样。	不过植物，	或者比目鱼、鲍鱼之类的动物不是这样。
这都是运动带来的差异。 运动？	如果是积极运动的生物，那么一定是左右对称的。	便于寻找食物， 到底在哪呢？我的大餐！
逃离天敌的抓捕等。 哎呀！快逃命吧！	为了活动顺畅，左半身和右半身的平衡很重要。	平衡和重力有关。往地心吸引的力叫作重力。
重力均匀作用在身体的任何地方，	所以如果腿或胳膊这样活动中要用到的身体部位全都挤在一侧，	那么就无法正常行动了。 **倾斜**

如果五官也是这样的话，那会怎么样呢？
啊呀！
那么就什么也做不成了！
你在哪呀？
如果身体哪一侧太大的话，也是不行的。
我这不对称的身体是不是很酷？
两边不平衡，只会给我们带来不便。
虽然很酷，但是没什么用！
根本不能好好走路了！
摇摇
晃晃
所以人们制造的能移动的物品也都是左右对称的构造。
仔细想一想，还真是这样呢？
汽车、
火车、
轮船、
飞机，等等！
怎么样？我是不是知识很渊博？
看来是真做了点功课啊。虽然很神奇，不过你真是有点无聊！
什么？不是，我只是想给你展示一下……

问题 36
自行车头盔的形状为什么这么奇怪？

头盔是保护头部免受冲击的装备。

不管是什么冲击，我都能挡住！

一般来说，头盔被用在建筑工地、

矿场、

火灾现场

和战争现场。

当然，在生活中也很容易看到。

戴头盔的人很多啊。

打棒球、

攀岩、

骑摩托车、

玩滑板车、

滑滑轮、

骑自行车等，为了安全都要佩戴头盔。

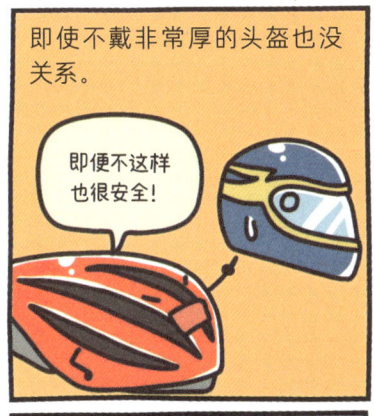

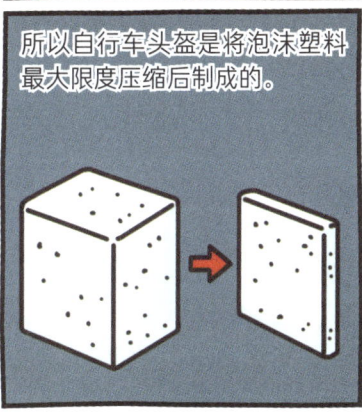

不过自行车头盔是不是有点奇怪? "我哪奇怪了!"	比起其他头盔,自行车头盔造型更多,色彩更绚丽,孔也更多,所以看起来很不安全! "我可比看上去安全多了!你别误会!"	看来大家对自行车是一点都不了解,所以才会说出这样的话来! "没错,没错!"
自行车速度不算很快,	所以头盔的强度也比其他头盔低。	即使不戴非常厚的头盔也没关系。 "即便不这样也很安全!"
而且自行车是用人力驱动前行的,所以车上的重量很重要。	只有尽可能轻,才能跑得快, "轻装上阵,所以跑得更快了!"	所以自行车头盔是将泡沫塑料最大限度压缩后制成的。
因此头盔的重量在150~300克之间,非常轻薄。	头盔上还有许多通风用的小孔。	就像刚刚说的那样,自行车是用人力驱动前行的,所以骑车人会流很多汗,

为了凉快，就做了通风设计。
虽然也有颜色不鲜艳的头盔，
我们同样也是头盔！
但颜色鲜艳的产品更多，这是为了能更醒目。
在很远的地方就能一眼看到，
那边好像有什么东西！
司机就可以轻松避开。
哦！那不是骑自行车的人吗？得避开走。
自行车头盔的种类也有很多，这是因为骑自行车的目的不同。
我是特技自行车头盔！
我是速度自行车头盔！
以特技为主的骑手因为流汗较少，
因为很快就结束了，所以不会流太多汗。
但容易从自行车上摔倒，所以要以安全为重，不需要头盔孔太大。
这样摔倒，有可能头会撞到地面！
而追求速度的骑手，
我只追求速度！我必须得很快！
比起凉快，更需要的是骑得快，
没有擦汗的时间！我得更快！
所以需要空气阻力最小的轻便头盔。
现在知道了吧？
哦哦，原来是这样！

问题 37
魔术贴的两面为什么样子不同？

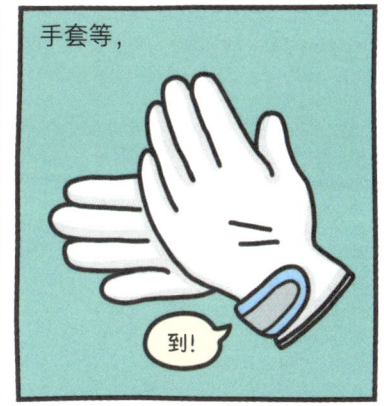

衣服、	鞋子、	手套等，
都用到了魔术贴！	魔术贴有时候也被叫作粘扣带。"你不是粘扣带吗？" "都是我。"	魔术贴有柔软的一面和扎人的一面。
如果彼此贴上，那么会粘得特别紧，	而且还能多次使用，这是它最大的优点。"这双鞋已经穿了30年了，嘿嘿。"	随便玩也没问题。
甚至清洗后还能继续粘贴！"即便经过清洗，我也能粘住很长时间！"	胶带只要贴一次就不能再使用了，魔术贴是怎么做到的呢？"我用的是黏着力，它只不过和我形状相似而已。"	魔术贴是发明者看到刺果之后想到的！"说到这个，就不能不提到那个人。"

121

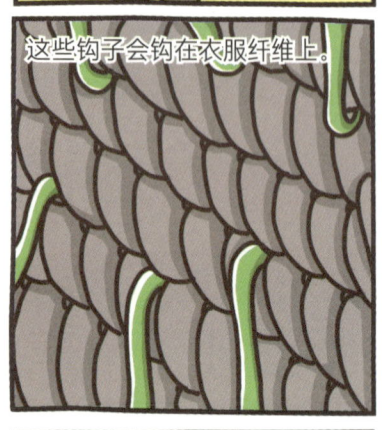

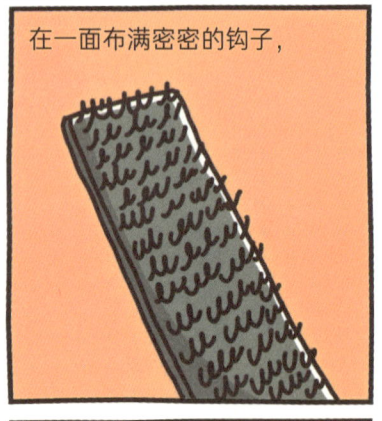

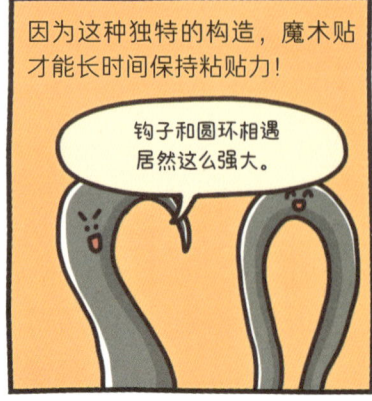

魔术贴的发明者是瑞士工程师乔治·德·麦斯他勒。	喜爱打猎的麦斯他勒，有一天和狗出去打猎。"走吧！"	但是打猎结束后发现猎犬身上和自己的衣服上都粘着刺果。"这是什么？"
麦斯他勒把衣服脱下来后，不管怎么用力抖，刺果都不掉下来。"怎么还不掉！"	平时就好奇心旺盛的麦斯他勒甚至用显微镜仔细观察起刺果来。"到底为什么掉不下来呢？"	通过显微镜，他观察到刺果长着无数细小的钩子，
这些钩子会钩在衣服纤维上。	麦斯他勒认真看着这些小钩子，突然想到了一个点子，"没错！就是这个！"	在一面布满密密的钩子，
在另一面布满密集的小圆环，	魔术贴的雏形就这样诞生了。"其实，到魔术贴完全做出来，花了十余年时间，哈哈！"	因为这种独特的构造，魔术贴才能长时间保持粘贴力！"钩子和圆环相遇居然这么强大。"

问题 38
护栏为什么是W字形的?

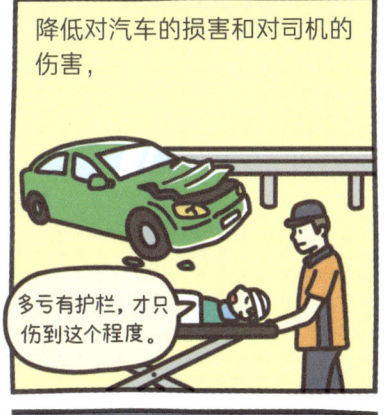

这是路上的护栏! 说的是我哦!	护栏只起着隔离和区分道路的作用吗?	不是的!它也起着阻拦出事故的汽车脱离道路的作用! 哐
假如汽车脱离道路,那就可能会掉下悬崖。 啊啊啊!	如果闯到对向道路上,可能会引起二次事故。 啊,不行!	当车辆撞击护栏时,
护栏可以吸收冲击力, 冲击	降低对汽车的损害和对司机的伤害, 多亏有护栏,才只伤到这个程度。	还能引导汽车的前进方向。 嗖
即便不发生交通事故, 安全第一!我可是20年没有出过事故的老司机!	护栏可以引导司机视线,创造出舒适的驾驶环境。 顺着护栏能看到很远的路,也能看清楚道路边缘在哪儿!	也就是说,护栏可以算是守护司机生命安全的壁垒! 我怎么样?是不是有点酷?

等一下！你为什么不是平的？钢板居然是W字形的！
什么？
怎么办！看来是被车撞弯了！
不是这样的，我本来就是W字形！
护栏是钢板做成的，
将像我这样卷成一团的钢板展开后折成的。
如果把钢板弄弯，其强度就会增大很多。
我们很容易把纸弄弯，
直接弄弯纸很容易！
但是纸被这样折叠后，再想弄弯就比较难了！
如果折成这样就不容易折弯了！
此外，护栏的位置正好和汽车保险杠的高度相当，所以能很好地吸收冲击力。
再加上如果汽车和W字形的护栏相撞，
砰
栏杆会在碰撞的瞬间展开成一字形，同时吸收更多冲击力！
之后它可能恢复到W字形，也有可能保留在展开的状态。
不管怎么说，W字形是正常的，所以不用担心了！
啊，原来是这样！

问题 39
年糕汤里的年糕为什么是椭圆形的?

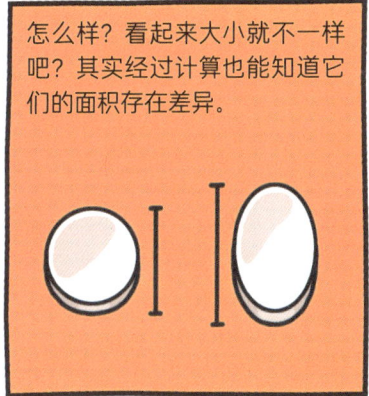

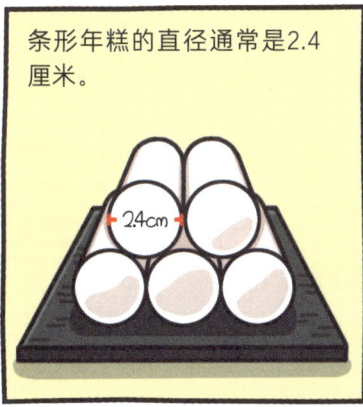

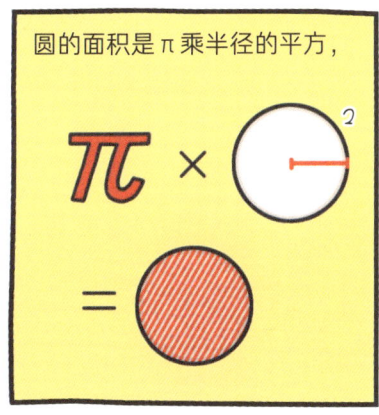

你好!我是条形年糕!

年糕汤里放的椭圆形年糕片,

就是将我斜着切出来的。

这样斜着切的方式叫作斜切。

正着切下去可以切出圆形年糕片,那为什么一定要切成椭圆形呢?

圆形的……不是更漂亮吗?

我们的条形年糕,原来对这个问题这么好奇啊?

嗝!

别说话,从现在开始,我边切边告诉你!

我不喜欢斜的!请给我正着切吧!

你给我安静待着!这都是有原因的!

啊!

怎么样?看起来大小就不一样吧?其实经过计算也能知道它们的面积存在差异。

条形年糕的直径通常是2.4厘米。

圆的面积是π乘半径的平方,

切成圆形的话,年糕片的面积约为4.5平方厘米。

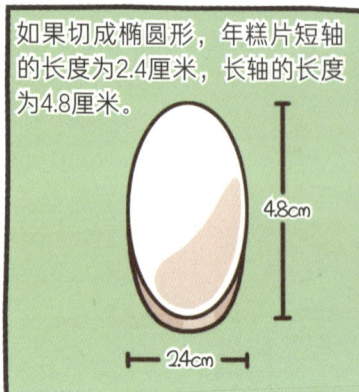

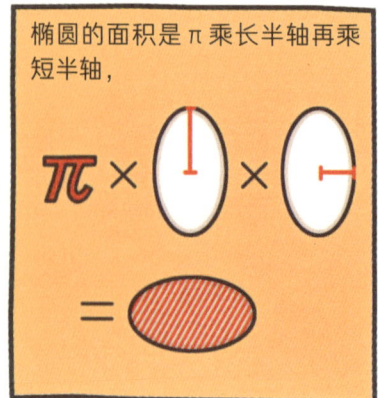

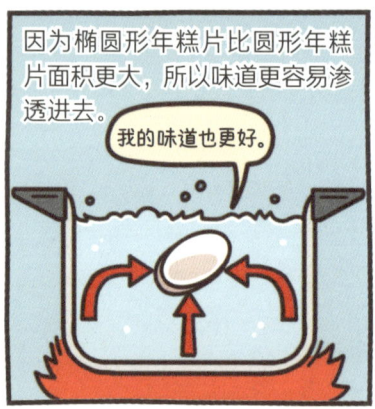

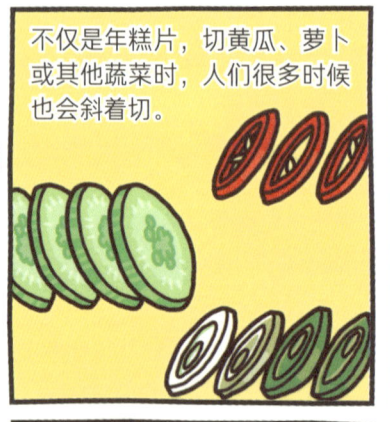

如果切成椭圆形，年糕片短轴的长度为2.4厘米，长轴的长度为4.8厘米。	椭圆的面积是π乘长半轴再乘短半轴，	所以椭圆形年糕片的面积约为9平方厘米。椭圆形年糕片的面积几乎是圆形年糕片的2倍大。
只要更大就好！	当然，不仅仅是面积大。	因为椭圆形年糕片比圆形年糕片面积更大，所以味道更容易渗透进去。 我的味道也更好。
而且因为能吸收更多热量，所以熟得更快！ 全做好了。 我熟得更快？	不仅是年糕片，切黄瓜、萝卜或其他蔬菜时，人们很多时候也会斜着切。	古时候，椭圆形年糕片是韩国家境贫寒的百姓，为了让年糕看起来更大而故意做成这样的。 年糕量不多，那得看上去更大才行呀！
从另一个角度来说，百姓也因此吃到了比国君吃的年糕汤 金尚宫，年糕汤很美味啊。 下官惶恐，殿下。	要更美味的年糕汤。 这个年糕汤已经这么美味了，那国君吃的不知道多美味呢！ 这人，看来真是什么都不懂。	原来是这样！太幸运了，我是斜切的！ 看来你很自豪嘛！

问题 40
裁剪工具为什么是楔形的？

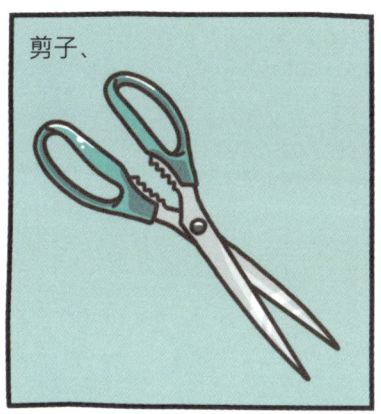

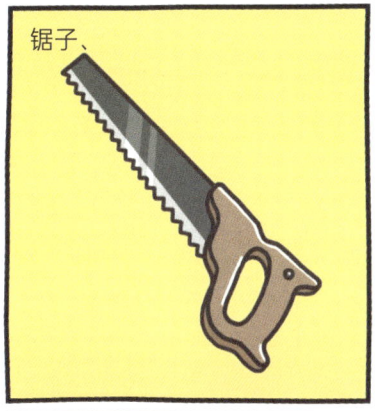

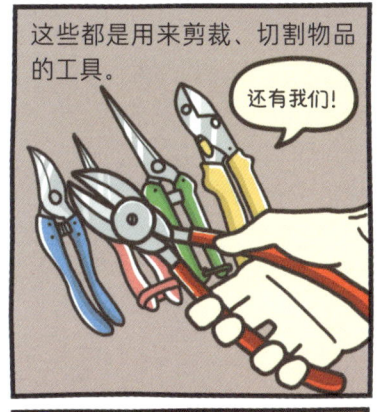

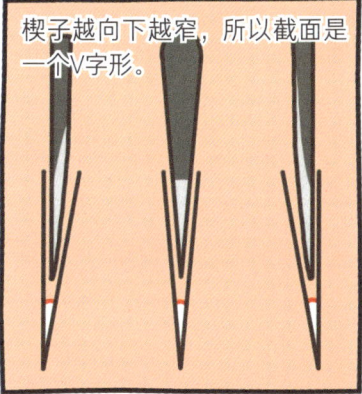

刀、

剪子、

斧子、

锯子、

镰刀，

这些都是用来剪裁、切割物品的工具。

还有我们！

裁剪工具的种类这么多，但它们都有一个共同点，

我们的共同点？

那就是它们都是楔形的。

楔形？那是什么？

楔子越向下越窄，所以截面是一个V字形。

怎么样？我说的对吗？

就这样把我拔出来再嵌进去，拔出来再嵌进去。

那么，为什么裁剪工具都是楔形的呢？

制造我们的是人类，我们怎么知道是为什么！

也是，抱歉。

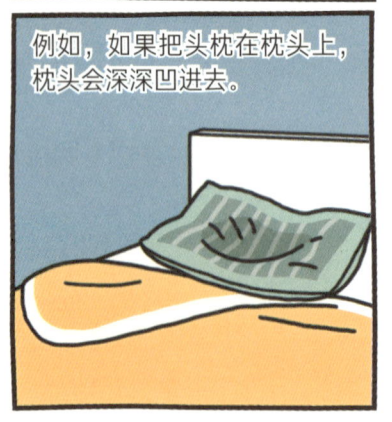

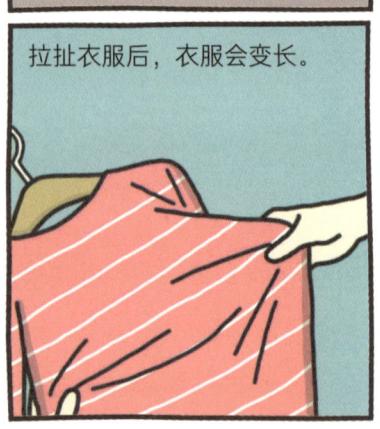

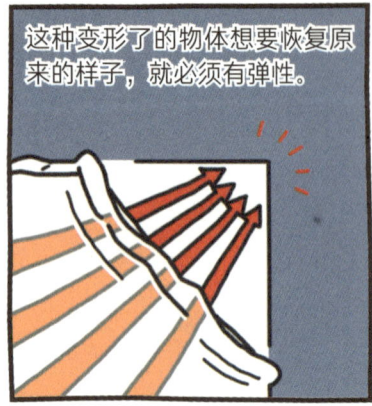

其实，这个原因就藏在裁剪的原理中。 咔嚓！	裁剪就是利用力量， 唰！	将某个物品分成两个及以上的部分。 用手撕纸也是裁剪的一种！
如果你知道物品为什么会被裁开，那所有的谜题就都解开了。 为什么会被裁开？你快说！ 人家被裁开了本来就很伤心，还问人家。这个问题我怎么知道！	物品之所以能被裁开，都是因为变形、强度和力。 变形、强度和力？	如果给某个物品施加力，
就会引起这个物品的形状发生变化，这就叫作变形。	例如，如果把头枕在枕头上，枕头会深深凹进去。	拉扯衣服后，衣服会变长。
这种变形了的物体想要恢复原来的样子，就必须有弹性。	通常施加的力卸去后，物品就会恢复成原来的样子， 哦！已经恢复了！	但是如果施加的力大到超过了弹性， 你再恢复成原来那样吧！

128

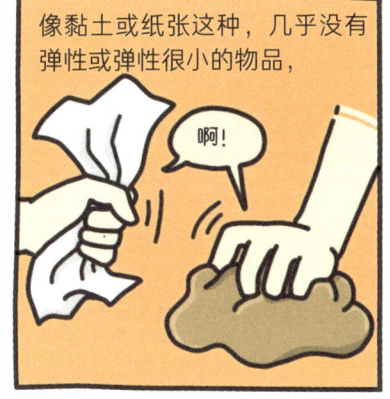

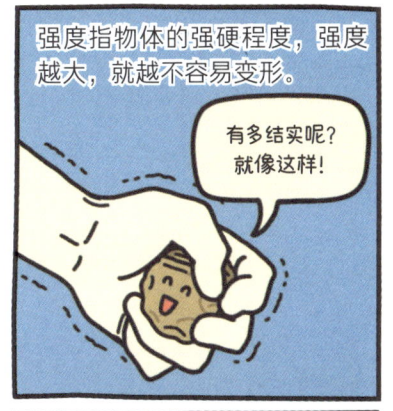

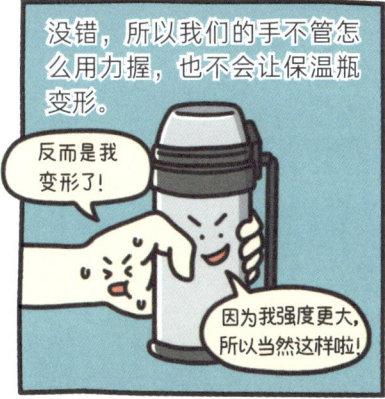

即便力量卸去后,物品也不能恢复成原来的样子了。 呃,回不去了,已经变长了。	像黏土或纸张这种,几乎没有弹性或弹性很小的物品, 啊!	只要施加力,就不能恢复成原来的样子。 哎哟,我们怎么成这样。
这就涉及了强度。 嗯?叫我了吗? 是强度不是强盗!	强度指物体的强硬程度,强度越大,就越不容易变形。 有多结实呢?就像这样!	那么我们的手和保温瓶,哪一个强度更大? 不是我吗?
没错,所以我们的手不管怎么用力握,也不会让保温瓶变形。 反而是我变形了! 因为我强度更大,所以当然这样啦!	假如在手上施加了能引起保温瓶变形的其他强力, 我来帮你!	在保温瓶发生变形前,手就先…… 哎呀,傻瓜!那样我会受伤的!
所以在裁剪物体时, 要是能裁开,你就试试!我可是不锈钢做成的!	必须用和物体强度相同 我是不锈钢的电锯,怎么样? 那就试试吧!	或者强度更大的物体,才能轻松切开! 那要是金刚石电圆锯呢? 啊!

129

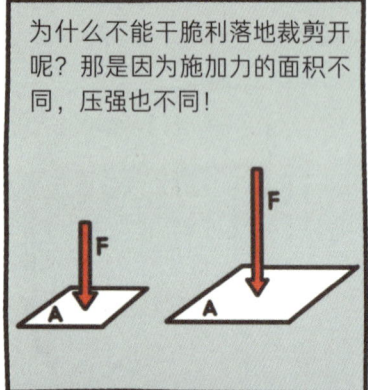

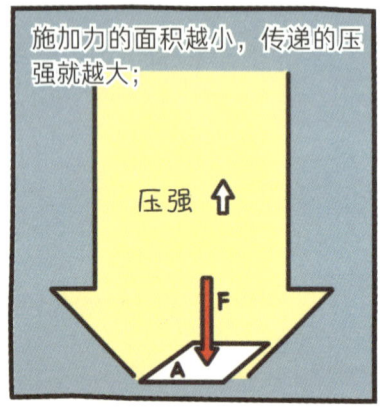

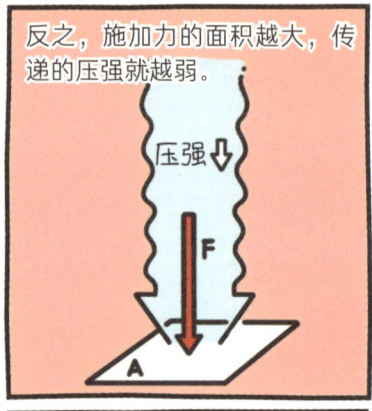

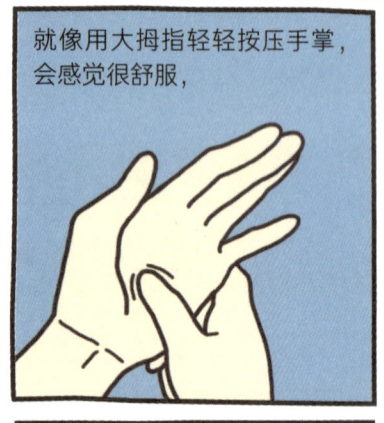

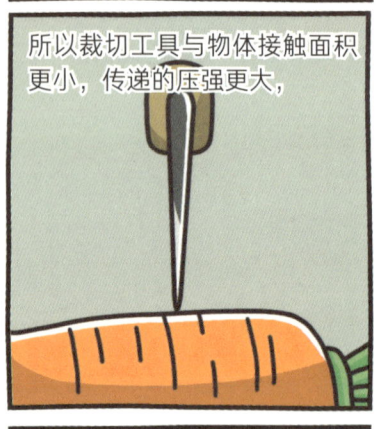

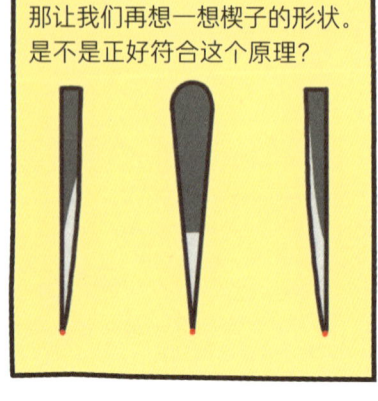

力是裁剪最重要的因素。 我拥有特别的性质！ POWER	因为即便施加了强度更大且超出弹性的力，也并不一定能将物品裁剪开。	物品可能会被压瘪，也可能会粉碎。虽说粉碎也是裁剪的一种，但是不是我们想要的。
为什么不能干脆利落地裁剪开呢？那是因为施加力的面积不同，压强也不同！	施加力的面积越小，传递的压强就越大；	反之，施加力的面积越大，传递的压强就越弱。
就像用大拇指轻轻按压手掌，会感觉很舒服，	而用圆珠笔轻轻按压，会感觉到疼一样。	所以裁切工具与物体接触面积更小，传递的压强更大，
用较小的力就能利落地切开物品了。	那让我们再想一想楔子的形状。是不是正好符合这个原理？	一个裁切工具就蕴含了这么多科学原理，是不是很神奇啊？ 噢！果然是！人类真伟大！

问题 41
过山车轨道为什么是莫比乌斯带的形状?

爬上高空,

然后犹如坠到地面一般下落,

以非常可怕的速度在轨道上飞驰!

咣啊啊

啊啊啊——

不停地扭来扭去,

不知不觉间就回到了乘坐的入口。这种游乐设施,就是过山车!

啊!太刺激、太好玩了!

听到你这么称赞,我都有点不好意思了。你好!我是过山车!

突然想到个问题,你知道过山车轨道是模仿什么形状做成的吗?

唉,没劲。哪有什么形状?不就是轨道嘛。

对了!你好好看看!

我就算睁大两只眼睛怎么看,也不过就是轨道,哪里有什么形状!

那个轨道就是莫比乌斯带的形状嘛!

莫比乌斯带?

莫比乌斯带指从任何一个地点出发都能回到最初位置的图形。

131

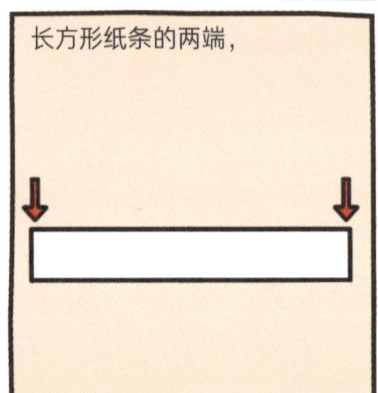

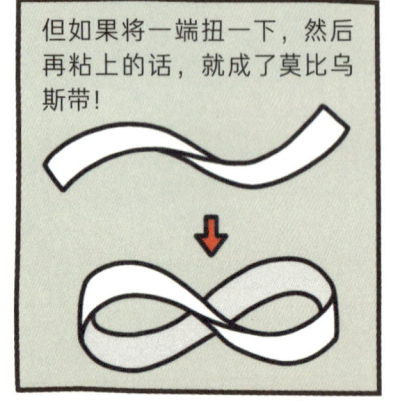

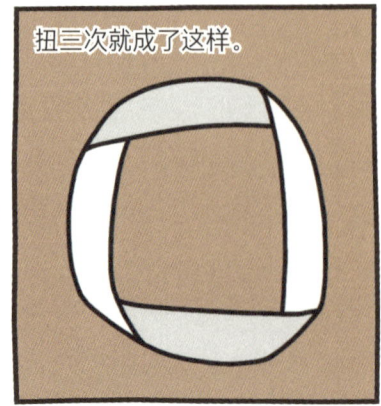

只顺着一面去上色，	最终所有的面都会被涂上色彩。	就像这样，没有里外分别就是莫比乌斯带的特征。 哪儿是外面，哪儿是里面呀？
其实要亲手尝试做一做，也很容易。 真的？	长方形纸条的两端，	如果就这样直接粘上就成了一个圆环。
但如果将一端扭一下，然后再粘上的话，就成了莫比乌斯带！	神奇是神奇，但这怎么是过山车轨道？	哈哈哈！莫比乌斯带并不只有这些。
将纸条扭一次就是刚刚看到的莫比乌斯带，	扭两次就是这样，	扭三次就成了这样。

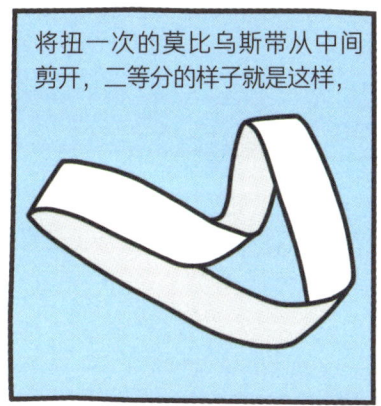

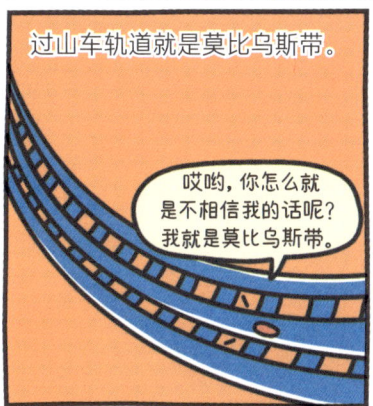

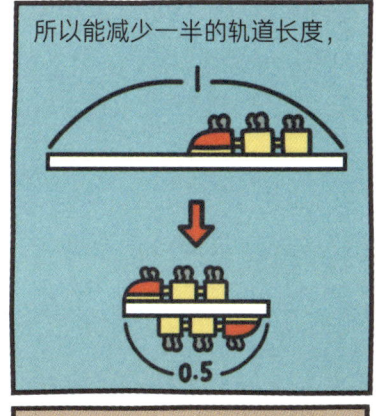

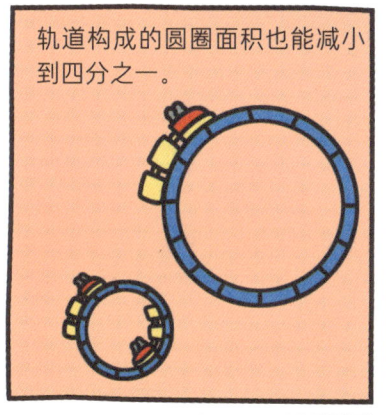

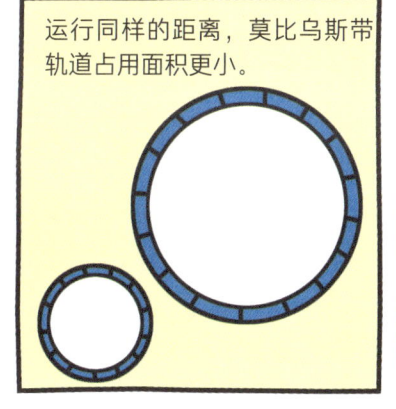

将扭一次的莫比乌斯带从中间剪开,二等分的样子就是这样,	如果三等分就是这样。	莫比乌斯带按照不同的制作方法,能做出非常多的种类来!
过山车轨道就是莫比乌斯带。 哎哟,你怎么就是不相信我的话呢?我就是莫比乌斯带。	如果将轨道做成这样,轨道的两面都可以利用,	所以能减少一半的轨道长度,
轨道构成的圆圈面积也能减小到四分之一。	当莫比乌斯带形状的轨道长度是1千米,	普通轨道的长度是2千米时,
运行同样的距离,莫比乌斯带轨道占用面积更小。	莫比乌斯带形状的轨道为游乐园节省了大量的空间。	过山车那么巨大,如果不是这样设计,那不知道该占多大空间呢!光是想一想就吓人! 没错!

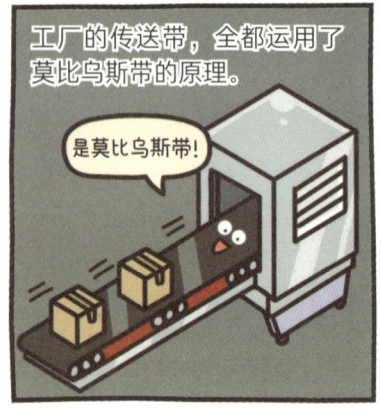

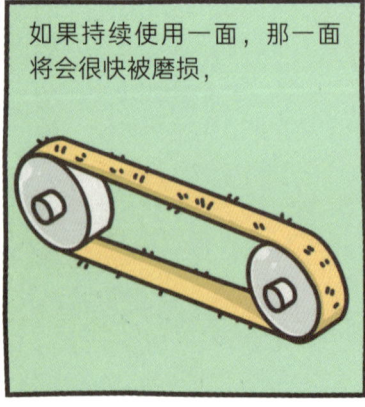

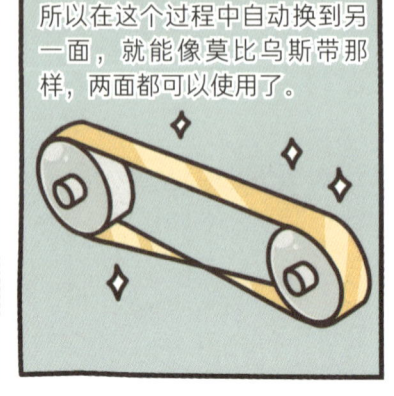

过山车的起点 出发!	和终点是同一个,这也是因为莫比乌斯带。 又回来了?怎么回事? 吱嘎	过山车轨道居然还有这样的秘密!
等一下! 莫比乌斯带惊人的地方还不止这些! 你说什么?	以前常见的磁带里也运用了莫比乌斯带的原理!	磁带也是莫比乌斯带的形状,所以当一侧的录音结束后,就会自动录到另一面上。 没错! 但是有什么用呢,磁带都是以前的旧东西了。
不仅磁带! 最近常用的扶梯扶手, 我们!	或机场的传送带, 全部!	工厂的传送带,全都运用了莫比乌斯带的原理。 是莫比乌斯带!
如果持续使用一面,那一面将会很快被磨损,	所以在这个过程中自动换到另一面,就能像莫比乌斯带那样,两面都可以使用了。	果然这个世界上没有什么是简单的! 当然了。

问题 42
音乐厅为什么是这种形状？

音乐会、

音乐剧、

话剧等，

在音乐厅举办的演出有很多种。

其中有一些演出特别注重音乐厅形状，

哎呀！可不能在这种音乐厅演出啊！

比如古典音乐、

声乐、

歌剧等。

这些演出通常不使用麦克风，

我们演出不用麦克风的。

所以乐器的声音

和人的声音，

能否大声传出去是最重要的！

舞台

观众席

135

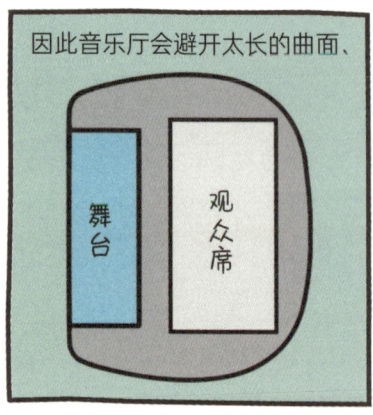

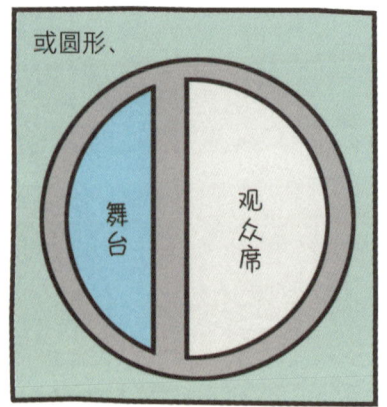

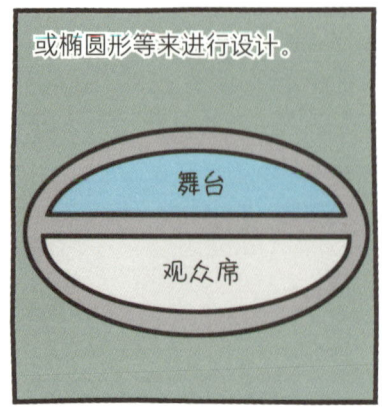

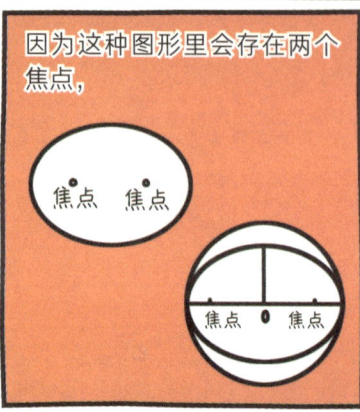

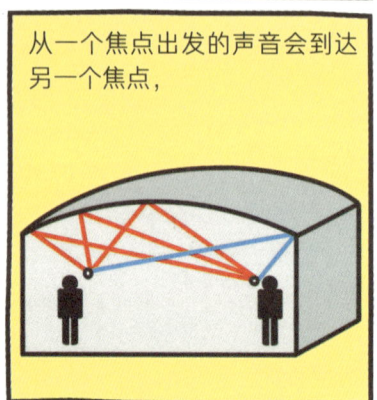

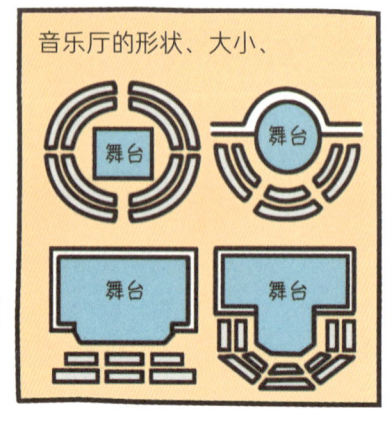

因此音乐厅会避开太长的曲面、	或圆形、	或椭圆形等来进行设计。
因为这种图形里会存在两个焦点，	从一个焦点出发的声音会到达另一个焦点，	所以声音并不能很好地传播开。"声音听起来并不丰富饱满。"
在音乐厅听到的音效，"和在家里听到的也并没有什么不同嘛。"	如果和用电视或手机听到的音效一样，"在家里听也像在音乐厅一样！"	那还有谁会想去音乐厅呢？"啊，气死了！我以后再也不来音乐厅了！钱都白花了！"
为了让观众听到与乐器或演出内容相匹配的高品质声音，	音乐厅的形状、大小、	回声，

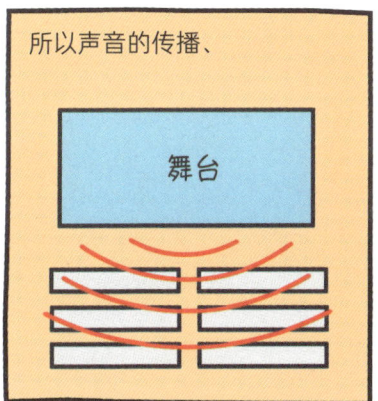

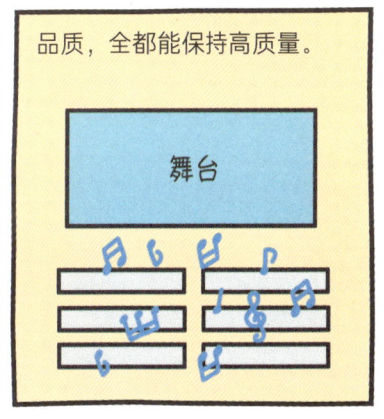

甚至连室内装饰也都要考虑到。	那大厅到底是什么形状呢？ 我来告诉你。	音乐厅有方形、
扇形、	山谷梯田形等。	方形音乐厅的优点，是所有位置都能听到同样优质的声音。
这种构造因为形状简单，所以很容易计算声音的路径， 嗯，原来声音是这么传播出去的！	然后安装反射板， 我是反射板！能将声音弹回！	或者吸音材料。 我是吸音材料，能把声音"嗖"地吸收掉！
安装起来也非常便利。 这里放反射板！那里放吸音材料！赶快动起来！	所以声音的传播、 舞台	品质，全都能保持高质量。 舞台

不同位置的声音没有很大差距。
这声音，即便坐在最后一排，也和坐在第一排一样。
不管怎么看，这都是一种理想形状的音乐厅。
在音质方面，我是最好的！你承不承认？
知道了！我承认！
但是其实它也是有缺点的！虽然方形音乐厅从设计上来说是完美的，
既然这么完美，怎么还能有缺点呢？
对、对不起。这只是从设计层面来说……
但是却有一个大缺点，那就是观众席数量较少，
哎呀！观众席就这些？
所以其他形状的音乐厅应运而生了。
方形并非所有方面都是最好的。
我们也有优点的！
扇形音乐厅的优点是能容纳更多的观众。
舞台
我能容纳很多人！
观众席
山谷梯田形音乐厅的舞台离观众很近，
所以观众能看到乐器演奏者、
演员、声乐家的面容，
现场感非常强烈，这也是它的一大优点。
耳朵享受的同时还有视觉享受，太好了！
近年来，随着科技的发展，不同形状的音乐厅音质差距大幅缩小，所以感觉不到太大差异，
好像在哪儿都没有什么太大差异。
不管是哪种音乐厅，都希望你有机会能亲自去感受一番，如何？
好！我立马订票！

问题 43
汽车前方的铁板为什么是格子状的？

汽车大幅扩大了我们的活动范围！

只要有汽车，任何地方我们都能又快又便捷地到达！

如果看汽车的前面，能看到上面装着奇怪的铁板，

长得就像烤肉时用的烧烤架，对吧？

其实这个铁板的名字是散热器格栅。

乘坐汽车前进时，

不管什么时候、什么地方，只要你想，

这里不错！

都可以把散热器格栅取下来，

咔嚓！

当作烤肉的——

哎呀，真香！

便携烤架。

汽车上还有这么方便的东西，这个世界越来越美好了。

不过它也有缺点，因为又大又重，取下和安装的时候都很费劲，

好重啊！太累了！

清洗的时候也非常麻烦。

这什么时候才能洗完？

你为什么说谎！出来！

啊！

呃啊啊

139

你好，我是汽车。
现在，把前面看到的全部忘掉，不要听他瞎说。
那些全都是瞎说的？
!
把安装在我前面的散热器格栅摘下来是错误操作。
没错！只有我的名字说对了！
别担心，我会告诉你正确答案。
谢谢！
汽车启动后引擎就会变得非常烫！
如果就这么放任不管，引擎和周围的零件会融化或烧毁。
呜呜！稍微降降温吧！
你死心吧，这可不是我能做到的事情。
所以为了让变热的引擎冷却，引擎里安装了让冷却水流淌的管道。
我的名字叫水套！
但是水套也会变热，
啊啊啊！好热！引擎！现在可有点严重啊！
我就知道会这样，又要开始责备我了吗？
无法让引擎冷却下来。
你都要热到沸腾了，这可怎么办！
难道要把车停在路中间？再出一次事故怎么办？
这时就需要散热器。
看来到我上场了！大家都别担心，因为有我在！
散热器是连接水套的装置，
将水套输送过来的热量冷却，让水凉下来。
好，现在我就让它凉下来！

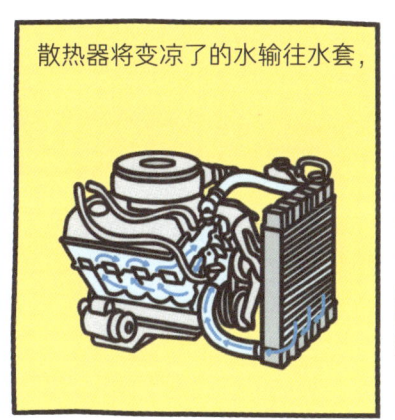

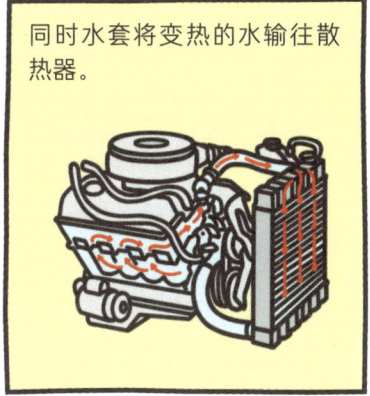

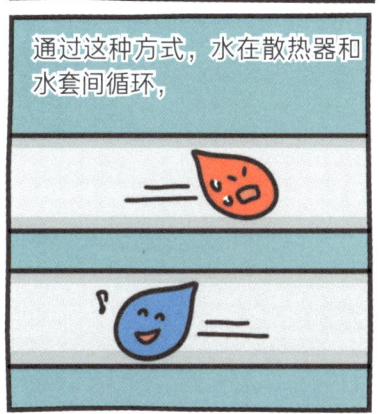

汽车行驶的时候，凉爽的空气会吹进去，	散热器将变凉了的水输往水套，	同时水套将变热的水输往散热器。
通过这种方式，水在散热器和水套间循环，	防止引擎过烫。	散热器格栅是用来保护担负重任的散热器的铁网。 "我来保护散热器！我就只有这一个想法！"
汽车在行驶的过程中，如果像石子这样的杂物弹起来，	把散热器弄坏的话， "咣！" "啊！"	汽车就不能再行驶了。 "走不了了！引擎太烫了！救救我！"
如果用没有孔的铁板，散热器里的水不就无法冷却了嘛。 "喂！你清醒点！这样水怎么能冷却呢？！"	所以最终使用了既能让空气流通又能阻挡异物的格子铁板。 "异物走开！只有凉爽的空气能进来！"	哇！这个设计不得不让人竖大拇指。散热器最棒！给你点赞！

问题 44
钢琴键盘为什么是这种样子的？

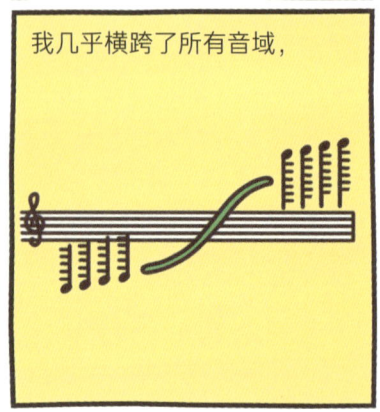

你好，我是pianoforte（钢琴）。

人们通常简称我为piano，根本不知道我准确的名字。

难道名字不是piano吗？

Piano是意大利语，意思是"平缓、柔弱"。

Piano, piano! 轻轻按揉！

这么一看，妈妈也挺与众不同嘛。

Forte也是意大利语，意思是"强"。

Forte, forte! 力气再大点！

真是的！搞得我反而想学习了。

利用按压钢琴键盘的力量，

来演奏不同的音调，所以给它命名为pianoforte。

啊哈！所以你叫pianoforte!

那什么，不是还有一个别名嘛！呃……乐器之王！

哎哟，怪让人害羞的。

我几乎横跨了所有音域，

所以能演奏大多数的曲目。

只要有一架钢琴，那就什么都能演奏出来！

只要按压键盘，就能发出声音，

所以任何人都能弹奏钢琴。

142

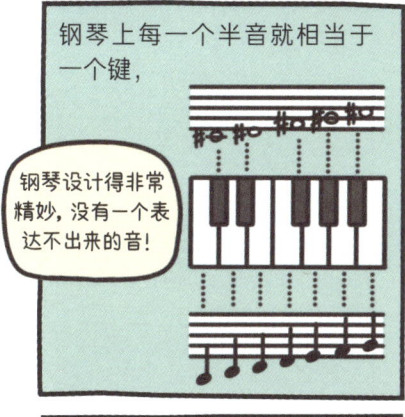

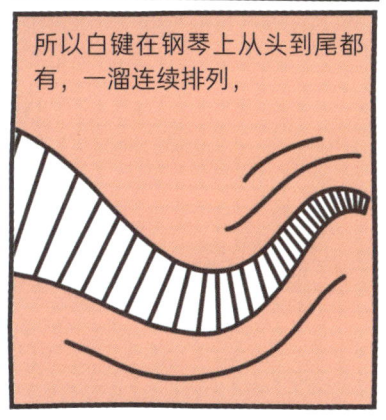

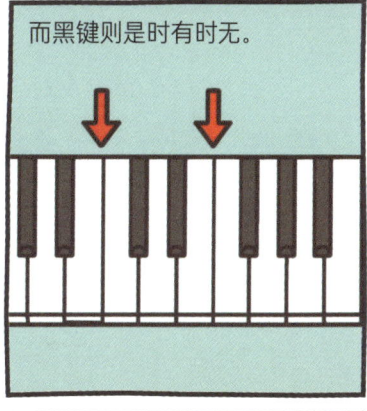

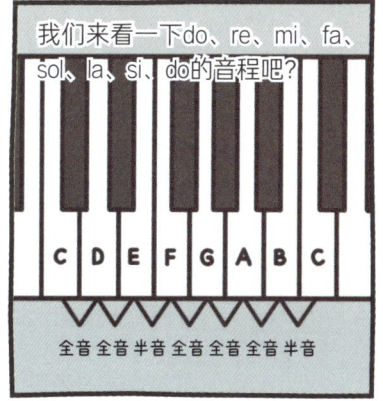

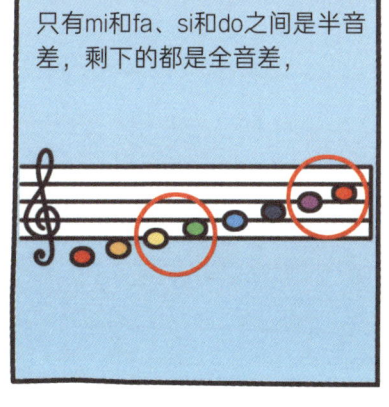

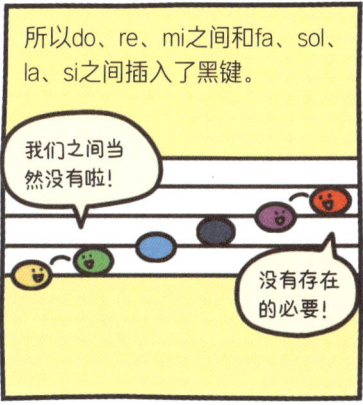

说我是乐器之王是不是太过誉了? 话虽然这样说,可是你的表情却很诚实嘛!	唉?智浩,怎么了? 哦,我觉得键盘很神奇。	白键一溜都是,黑键却是零零散散的。
哦,这是因为半音。 半音?	两个音的高度差叫作音程, 如果我是这么高。 那我是这么高!我们两个的差就是音程!	音程的最小单位就是半音,两个半音凑一起就是全音。 就像厘米里最低的单位是1厘米一样。达到100厘米就是1米了。
钢琴上每一个半音就相当于一个键, 钢琴设计得非常精妙,没有一个表达不出来的音!	所以白键在钢琴上从头到尾都有,一溜连续排列,	而黑键则是时有时无。
我们来看一下do、re、mi、fa、sol、la、si、do的音程吧? C D E F G A B C 全音 全音 半音 全音 全音 全音 半音	只有mi和fa、si和do之间是半音差,剩下的都是全音差,	所以do、re、mi之间和fa、sol、la、si之间插入了黑键。 我们之间当然没有啦! 没有存在的必要!

所以mi和fa、si和do之间放进黑键就没有意义了。
即便有黑键，如果按下也会发出和白键相同的声音！
智浩！你有没有听我说话？
噢，是88个。
没错，钢琴总共有88个键，是不是想知道为什么呀？
嗯！
钢琴键的数量有88个，是因为人们的听力有限。
耳朵没法听到所有声音！
虽然继续添加钢琴键来延长音域在技术上是可行的，
只要下定决心，再延长一些也不是什么难事。
但是即便添加钢琴键，
OK！这样的话，就能演奏更多音乐了！
对于人们来说，这些声音听到耳朵里也只是刺耳的噪音。
啊，这是什么声音？
当然也存在增加键的钢琴，
但是这样的钢琴非常昂贵，
而且只能使用与钢琴匹配的特殊乐谱，
并且和其他乐器一起演奏，才能创造出美妙的声音。
对钢琴这么好奇啊，智浩，看来你对钢琴很有兴趣嘛！
嗯，不知道，我要回家了。

问题 45
轮胎上为什么有槽？

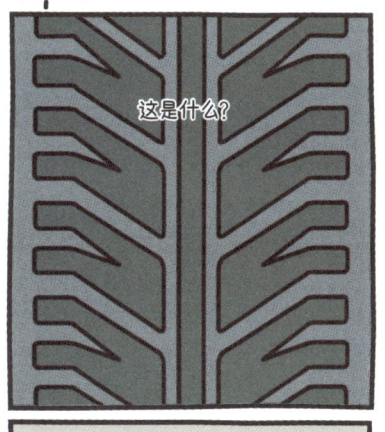

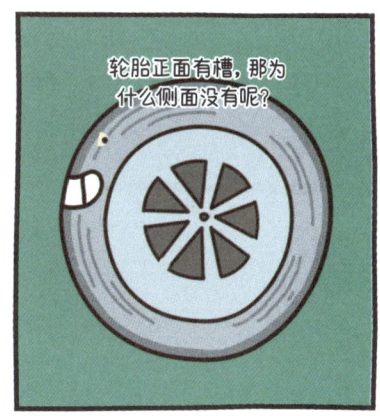

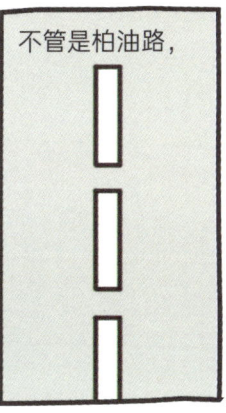

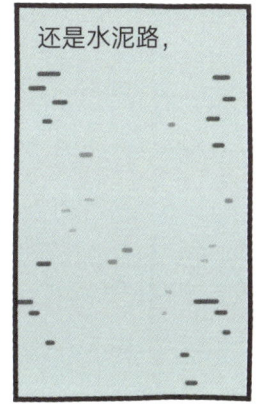

这是什么？

没错，是轮胎。

轮胎正面有槽，那为什么侧面没有呢？

轮胎上的槽是为了安全行驶而制造出来的，所以只有与地面接触的一面才有槽。

如果轮胎上没有槽，当下雪或下雨的时候，轮胎和地面的摩擦力会减弱，所以轮胎会变滑，容易引发交通事故。

嘎吱

砰！

道路上的沙子，

或大大小小的石头，也会引发交通事故！

我们一般驾驶的是普通小轿车。

普通小轿车优先需要考虑的，是在各种环境中能够安全行驶！

安全

不管是柏油路，

还是水泥路，

还是土路，在哪里都要安全行驶！

145

和普通轿车不同，在管理良好的道路上行驶的赛车的轮胎上没有槽。

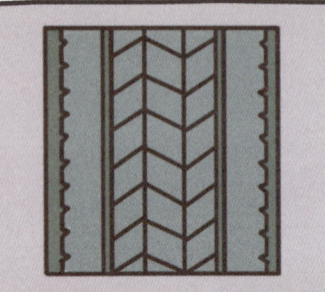

如果轮胎上没有槽，赛车能快速转弯和加速。但是如果是下雪或下雨等天气，没有槽的轮胎就太过光滑了，所以这种轮胎日常生活中并不会使用。

不过，你知道这个吗？轮胎上的槽的形状也并不都是相同的！

这是直沟纵向花纹。这种轮胎在转弯和乘坐的舒适感方面非常突出！

这是横沟型花纹。这种轮胎前进和刹车的力量都很强！

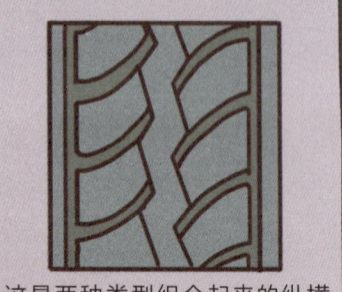

这是两种类型组合起来的纵横沟组合花纹。这种轮胎能安全行驶，而且阻力也很大。

这是块状花纹。这种轮胎好刹车，没有那么光滑！

这是高性能轮胎。这种轮胎在高速行驶中也能保证安全！

是不是觉得很晕、很复杂？

此外，还有很多其他轮胎。所有轮胎都是为了大家的安全而开发出来的。

不过，不管你多么好奇，也不要靠近行驶中的轮胎，非常危险！

问题 46
飞机机翼为什么有很多种？

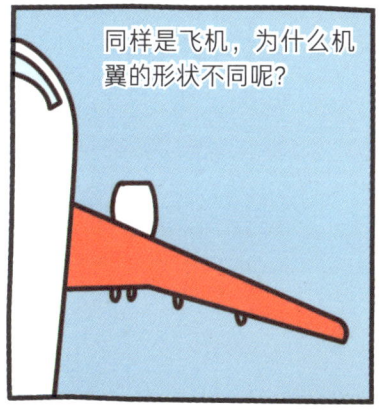

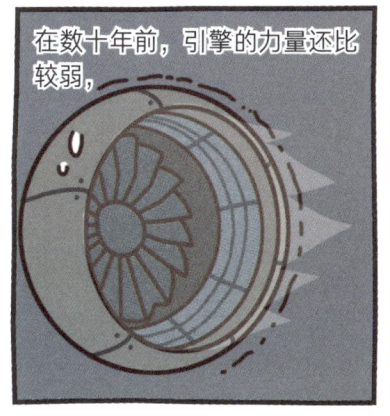

如果说到飞机，大家最先想到的就是这种飞机。

呜呜呜呜

不过其实还有这种战斗机，

以及这种轻型飞机。

同样是飞机，为什么机翼的形状不同呢？

尾翼的样子倒是都差不多。

原因就藏在飞机的飞行目的之中！

在数十年前，引擎的力量还比较弱，

所以飞机上安装了两到三个机翼，这样飞得比较快。

后来人们根据飞机的飞行目的，对机翼进行了改进。

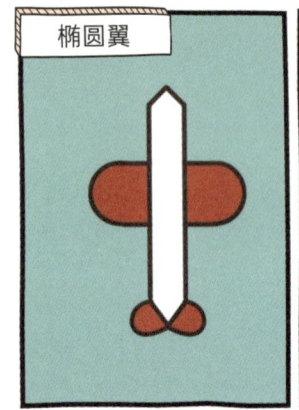

矩形翼	制造起来很容易，机翼所有位置受力都很均匀，所以即使慢慢飞也不会掉落。不过因为空气阻力很大，所以飞不快。如果强行快飞，机翼会被折断。
椭圆翼	弥补了矩形翼飞不快的缺点。越往两端机翼越窄，所以两端变成了弧形。这样设计能减小空气阻力。
锥形翼	这种机翼在矩形翼的基础上，加入了椭圆翼越往末端越窄的特点。适合慢速和中速飞行，转向能力和飞行安全性也都很高。
三角翼	三角翼是适合以超声速飞行的机翼。机翼贴在飞机机体上，所以非常结实。但三角翼不擅长低速飞行，起降也很困难，甚至还很危险！

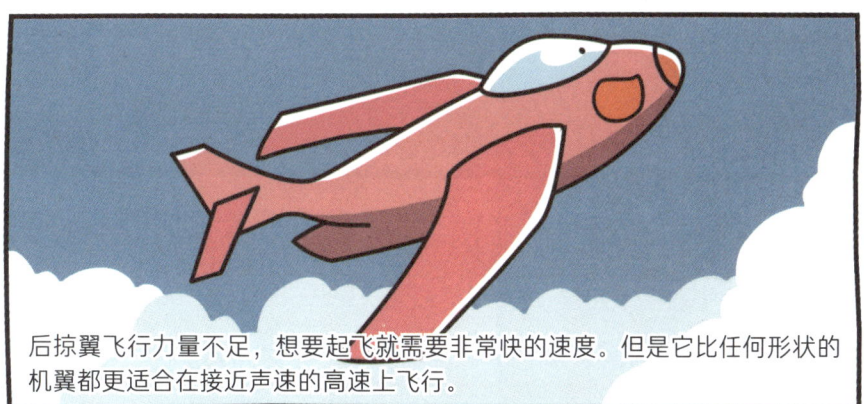

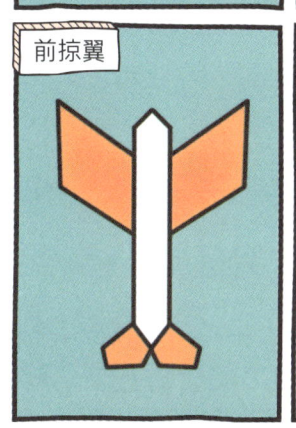

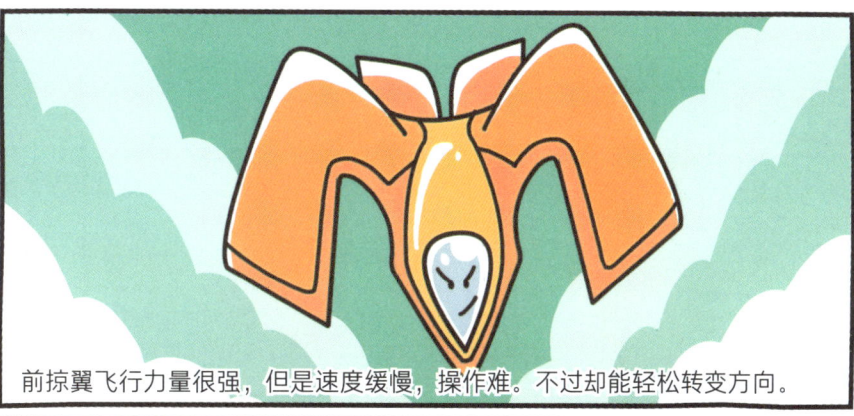

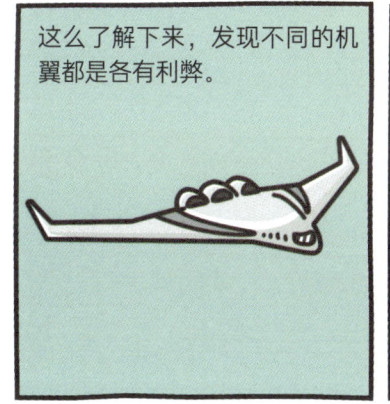

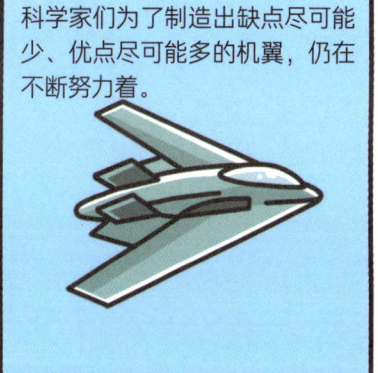

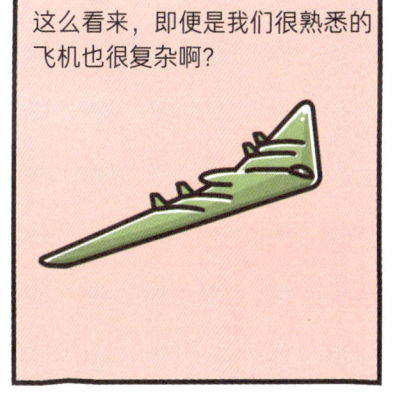

后掠翼

后掠翼飞行力量不足,想要起飞就需要非常快的速度。但是它比任何形状的机翼都更适合在接近声速的高速上飞行。

前掠翼

前掠翼飞行力量很强,但是速度缓慢,操作难。不过却能轻松转变方向。

可变翼

结合了三角翼和后掠翼的优点而设计出来的机翼。通过移动机翼,能变出三角翼和后掠翼来。这种机翼能在多种情况下使用。但是可变翼的结构很复杂,所以费用也很高。而且必须安装移动机翼的装置,所以飞机会变重!

这么了解下来,发现不同的机翼都是各有利弊。

科学家们为了制造出缺点尽可能少、优点尽可能多的机翼,仍在不断努力着。

这么看来,即便是我们很熟悉的飞机也很复杂啊?

问题 47
钱币为什么是这个样子?

世宗大王、

水牛、

狮身人面像、

哥特式建筑。

仔细观察,能发现它们有一个共同点,

那就是,它们都是纸币上的图案!

纸币上大多印着代表国家的人、

动物、

文物,

或者建筑物等。

不仅仅是纸币,硬币也一样。

不过,在钱币上印上图案,真的有必要吗?

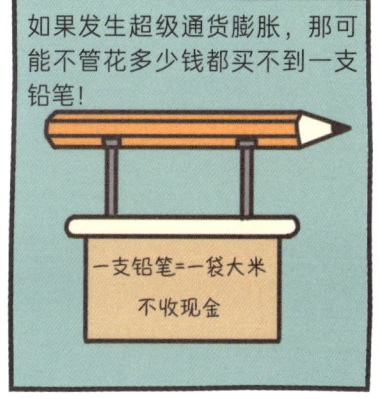

直接这样写上1000元不就行了。 **1000元** 韩国银行	如果印上图案，在制造钱币的过程中岂不是需要投入更多的费用？ 制造纸币时，如果印上图案，投入的费用不是更高吗？	为什么要对钱币进行美化呢？颜色、图案甚至大小，这些全都不同。
这些都是为了防止伪造货币。	伪造是指以欺骗为目的，将物品做得如同真的一样的行为。 有这么多假钞，可以随心所欲买买买了。嘿嘿！	复杂的色彩和图案就是为了防止人们制造假币而设计的。 就因为这些图案，我怎么也做不出来。
伪造货币不仅会给个人带来损失， 哎呀！收到假钞了！谁给我的！	还会将国家的经济连根拔起，造成动荡。	因为如果有大量假钞流通， 怎么什么钱都是假的！
整个社会可能会越过通货膨胀，直接引发超级通货膨胀。 通货膨胀　超级通货膨胀	货币的价值下降，所有商品价格上涨就叫作通货膨胀。 超低价甩卖 ¥2000	如果发生超级通货膨胀，那可能不管花多少钱都买不到一支铅笔！ 一支铅笔＝一袋大米 不收现金

所以在纸币上印上了图案。
1000
1000
其实纸币上除了表面能看到的图案，还布满了很多隐藏的图案。
隐藏的图案？
在光的照射下，我们能看到纸币上隐藏的图案。
噢！是真的。看到了！看到了！
纸币的原材料是一种名叫落棉的棉纤维。
在制造纸币的时候，通过改变这种纤维的浓度，
1000
可以制造出不同通光量下或明或暗的图案来。
1000
1000
纸币上的某些字的颜色也会变化。
总共1万韩元。
咦？1万韩元原来是这种颜色吗？
看的角度不同颜色会发生改变，
这利用了相长干涉原理。
相长干涉是指两个相同的波相遇后形成更大波的现象。
在不同位置，我们眼睛所看到的更大波的颜色会发生变化。
那个……把钱拿过来吧？
数字是黄色的！也就是说黄色波更强。
就像孔雀尾屏，

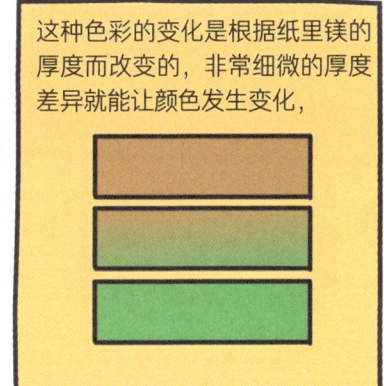

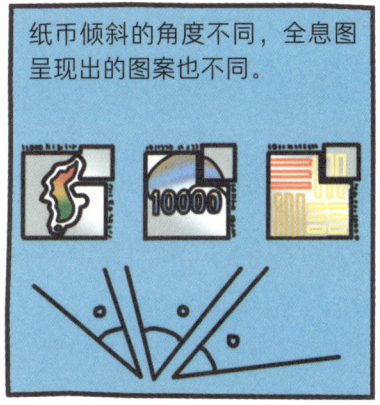

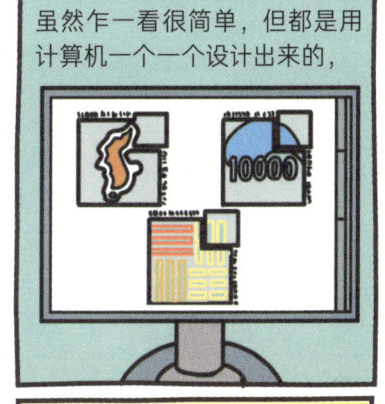

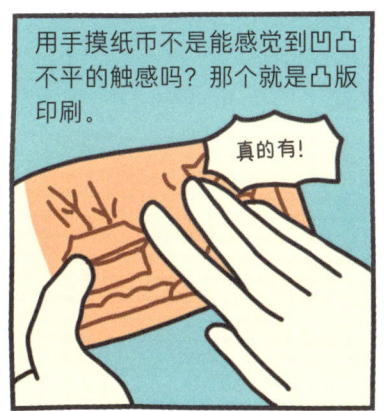

或者彩虹吉丁虫的色彩变化一样。	这种色彩的变化是根据纸里镁的厚度而改变的，非常细微的厚度差异就能让颜色发生变化，	成为非常强的防伪措施。 伪造？做不到的！还是努力工作吧。
纸币上能看到的亮闪闪的光带或方形的锡箔纸，这叫作全息图。	纸币倾斜的角度不同，全息图呈现出的图案也不同。	虽然乍一看很简单，但都是用计算机一个一个设计出来的，
还要逐一精确对准，所以是一项非常难的技术。	这是一般的假币模仿不来的。 哼！这个一看就是假的！骗谁呢？！	纸币上也使用了凸版印刷。
用手摸纸币不是能感觉到凹凸不平的触感吗？那个就是凸版印刷。 真的有！	除此之外，还有更让人惊讶的，那就是字！ 哎哟！这些字也有惊人的秘密啊。	让我们来看一看绘有申师任堂图案的50000韩元纸币吧，我们先看正面！ 你好，我是申师任堂！

153

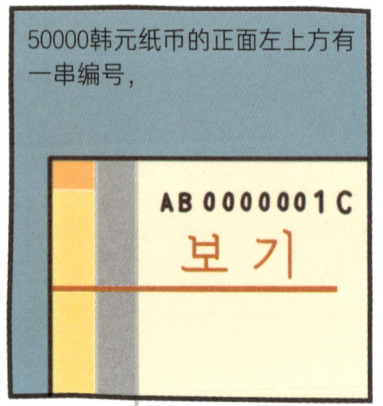

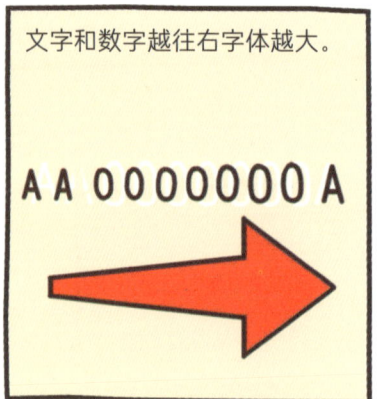

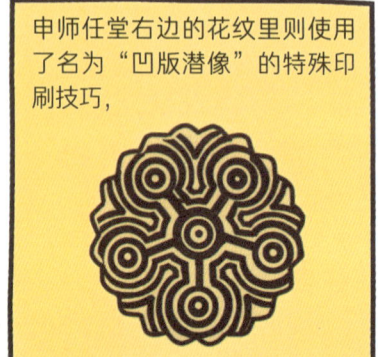

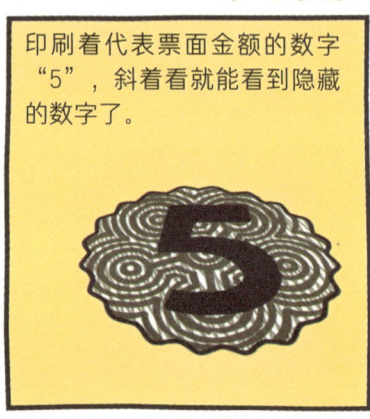

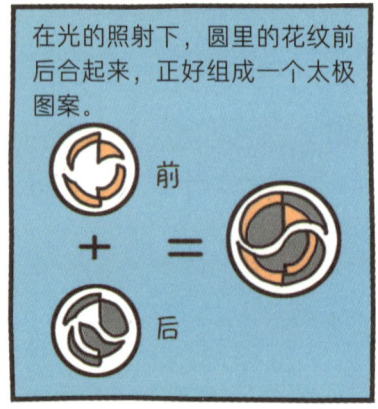

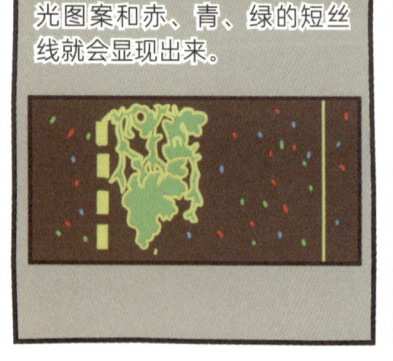

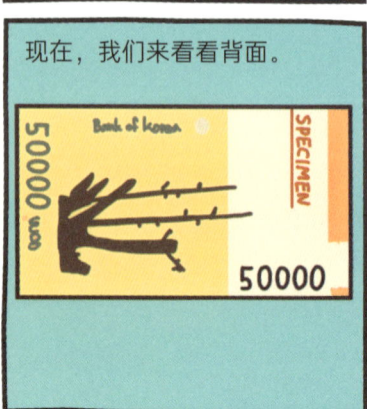

50000韩元纸币的正面左上方有一串编号，	文字和数字越往右字体越大。	申师任堂的脖子部位印着微小的文字，
使用放大镜能找到韩文辅音字母和"BANK OF KOREA""50000"等文字和数字。	申师任堂右边的花纹里则使用了名为"凹版潜像"的特殊印刷技巧，	印刷着代表票面金额的数字"5"，斜着看就能看到隐藏的数字了。
正面"韩国银行"文字旁边的花纹使用了前后对齐的技巧，	在光的照射下，圆里的花纹前后合起来，正好组成一个太极图案。	正面的叶子里使用了荧光油墨和银丝。
如果用特殊光照射，绿色荧光图案和赤、青、绿的短丝线就会显现出来。	现在，我们来看看背面。	背面的上端印着循环花纹，

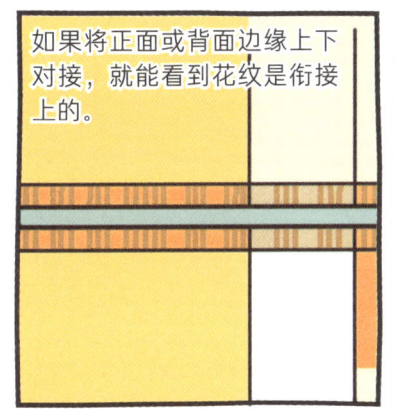

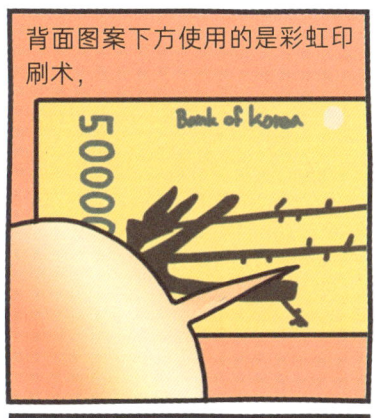

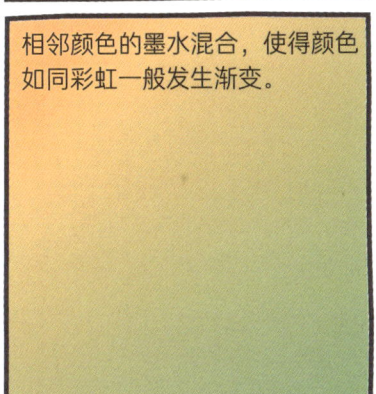

如果将正面或背面边缘上下对接，就能看到花纹是衔接上的。	背面的数字也运用了特殊技术，	如果将特制的滤光器放上去，通过滤光器，隐藏的数字50000就会显现出来。
背面图案下方使用的是彩虹印刷术，	相邻颜色的墨水混合，使得颜色如同彩虹一般发生渐变。	没想到预防伪造货币的手段居然这么多吧？ 嘿嘿嘿！了不起吧？
此外，10000元、5000元、1000元纸币上还有其他方法和手段。 啊！当然了！	并且，连硬币上也有防伪技术，虽然不是什么了不起的技术。 我们也有呢！	硬币边缘的锯齿形状就是防伪技术，通过槽口个数来进行分辨。 120个　110个　109个
因为硬币价值下降，所以压根没多少人会伪造硬币，而且即便伪造，影响也小于纸币，	而且用金属进行伪造，难度非常大。 用燃气灶根本不能熔化铁啊！太难了！	钱币的世界真是复杂。如果有时间，我们试着去亲自找出钱币的秘密吧！是不是很神奇？ 一定会试试！

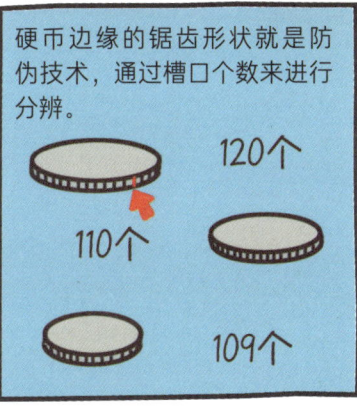

问题 48
蜘蛛网为什么长这样？

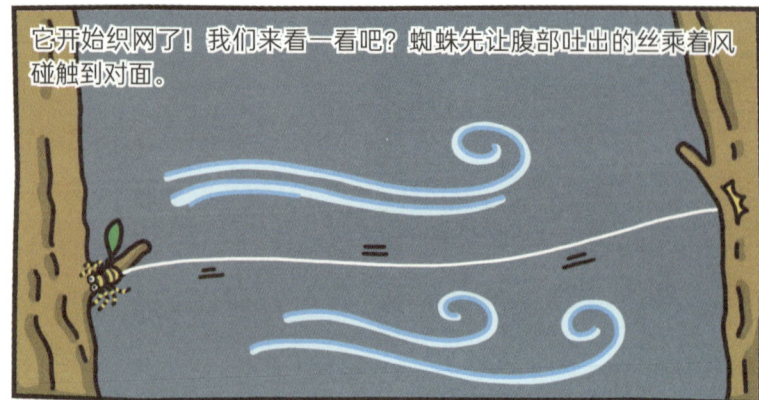

有蜘蛛！

它开始织网了！我们来看一看吧？蜘蛛先让腹部吐出的丝乘着风碰触到对面。

然后沿着Y字形边吐丝边往下降落，织出蜘蛛网的中心，

并完成蛛网的大概轮廓。

之后从中心向四面八方散开铺路，因为这是自己要爬行的路，所以这些蜘蛛丝并不黏。

最后蜘蛛从蛛网中心向外面转着圈吐丝织网，蜘蛛网大功告成。最后横向吐出的丝是有黏性的丝，这就是用于捕食的蜘蛛丝。

不过话说回来，为什么蜘蛛会将网建成这种形状呢？

简单啊！只有这种构造，面积才能最大呀！

问题 49
飞机窗户为什么是圆形的？

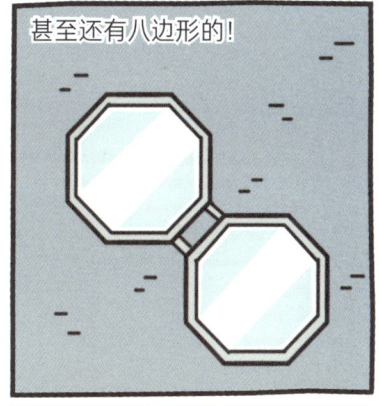

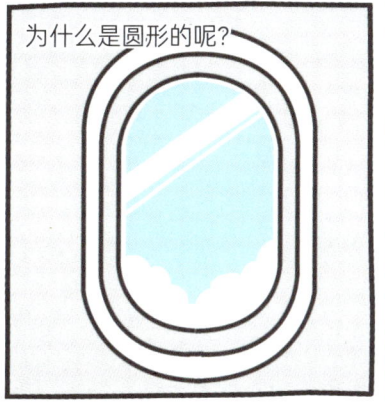

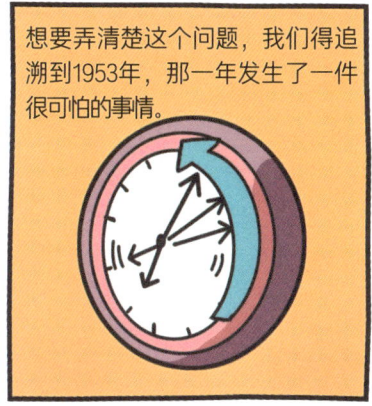

提到窗户，我们通常先想到的是这种方形的窗户，

不过也有这种三角形的窗户，

甚至还有八边形的！

可是，飞机窗户却全都是圆的。

为什么是圆形的呢？

想要弄清楚这个问题，我们得追溯到1953年，那一年发生了一件很可怕的事情。

在20世纪50年代，很多飞机的窗户还是方形的，

人们对于飞机窗户是方形这件事并没有怎么关注。

飞机窗户为什么是方形的？

呵呵呵！听听你这个傻问题。

不过，悲剧发生了。

世界日刊

悲剧78

一架从英国出发的飞机发生了大惨案……其原因是？

1953年5月，一架飞机和往日一样搭载了43名乘客，

飞机沿着跑道顺利起飞了，

然后……

砰！

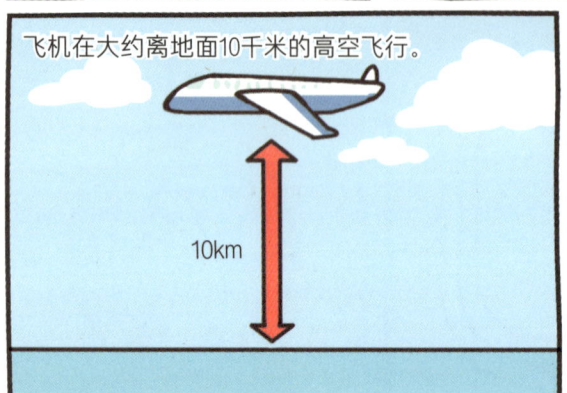

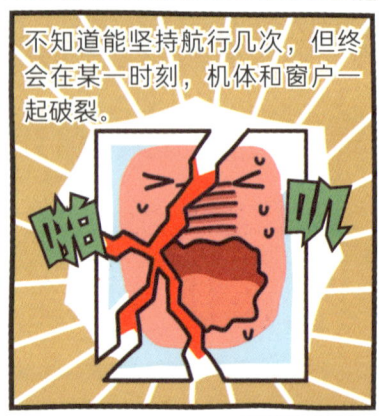

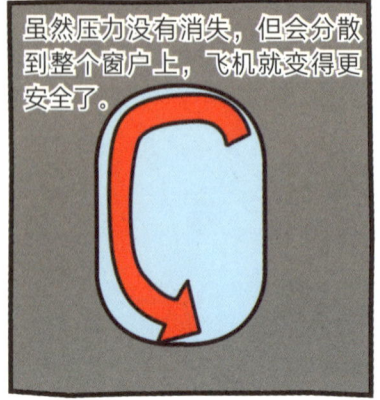

悲剧发生了，飞机在空中解体了。	你知道原因是什么吗？ **WHY**	没错！就是因为方形窗户！
飞机在大约离地面10千米的高空飞行。 10km	飞机在空中飞行期间，舱内人为地创造出和地面相似的环境，在这个过程中，飞机受到了巨大的压力，所以机体微微膨胀。	
可是如果窗户是方形的……	压力被集中在了窗户角落。 颤抖 啊！我快顶不住了！ 颤抖	不知道能坚持航行几次，但终会在某一时刻，机体和窗户一起破裂。 啪 叭
如果窗户是圆的，	虽然压力没有消失，但会分散到整个窗户上，飞机就变得更安全了。	飞机窗户的秘密，你现在都知道了吧？

问题 50
打火机里为什么有隔板?

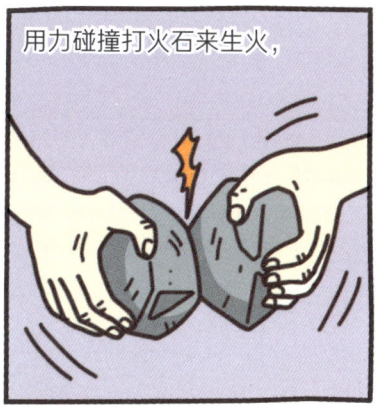

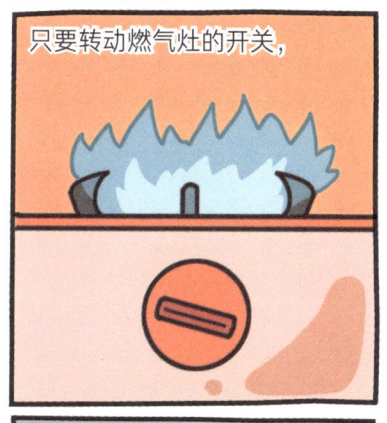

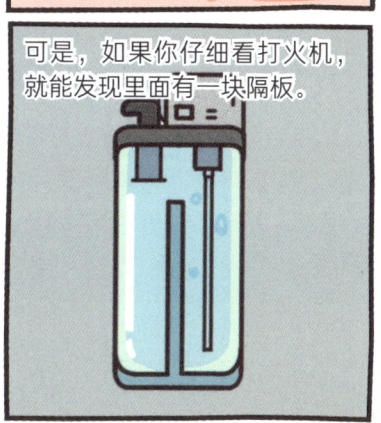

过去,人们为了点火可是要费很大劲的。

用力碰撞打火石来生火,

或者用力摩擦木头起火。

最近不用这样了,多幸福啊。

现在谁还做这样的事?

只要转动燃气灶的开关,

或者按下打火机的按键。

咔 嚓

火苗就能熊熊燃烧了!

呼啦

可是,如果你仔细看打火机,就能发现里面有一块隔板。

这是什么?隔板和火苗也没有什么关系,为什么会在打火机里呢?

真的!仔细想一想,为什么会有我呢?

难道是生产商为了少放一点液体,故意耍的手段吗?

不是有聚沙成塔这句话嘛。

当然不是,

这可就错了!靠这样可省不了钱。

隔板的本质是保护我们安全的加固材料!

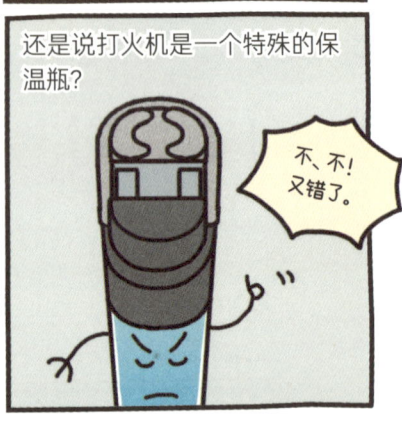

隔板负责安全？它是怎么做到的呢？现在，让我来告诉你吧。 安全？虽然不清楚是怎么回事，但是我真伟大啊！	打火机里面装的液体叫丁烷。 嘿嘿，你好！我是丁烷！	丁烷的沸点是-0.5℃。 我这么热，那个人怎么还穿那么厚？
当水变成硬邦邦的冰块的时候，	丁烷却咕嘟咕嘟沸腾了。 啊！谁来救救我！我都煮开了！ 咕嘟 咕嘟	所以丁烷在常温下是以气体状态存在的。 我还以为刚刚死定了呢。
但是打火机里面的丁烷却是液体啊？ 这是怎么做到的？	难道打火机里面的温度是零下吗？ 不是！	还是说打火机是一个特殊的保温瓶？ 不、不！又错了。
嘭！ 啊！	呼哧哧	不要在这里不懂装懂了。从现在开始，我来详细给你说明。 从现在开始，不用担心！相信我就行！

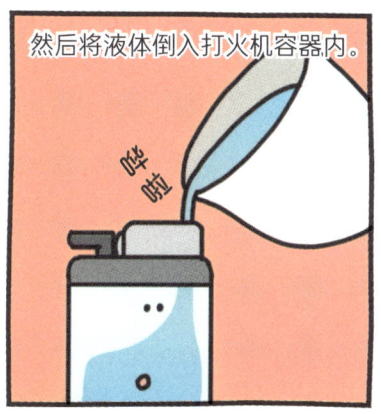

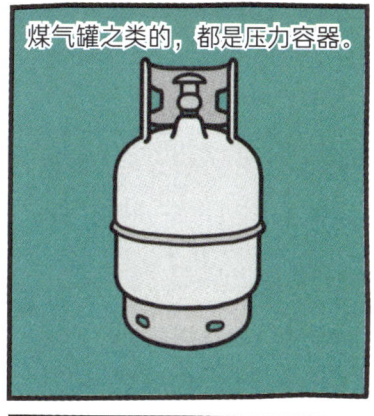

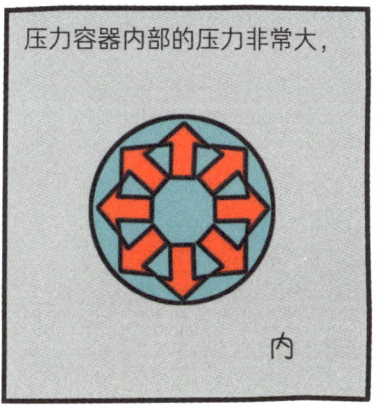

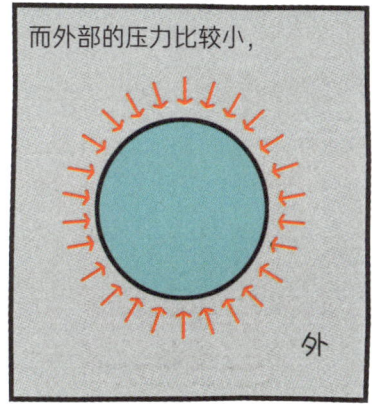

丁烷之所以在打火机内能以液体形态存在，是因为压力。	如果非常用力按压，	不管什么温度，气体就能变成液体。
然后将液体倒入打火机容器内。	这种容器也叫压力容器，在我们生活中随处可见。 嗯哼，让我看看！	饮料罐、 在生活中，我是不是最常见的？
灭火器、	发胶、	煤气罐之类的，都是压力容器。
不过仔细想想，压力容器大部分都是圆柱形的。	压力容器内部的压力非常大， 内	而外部的压力比较小， 外

161

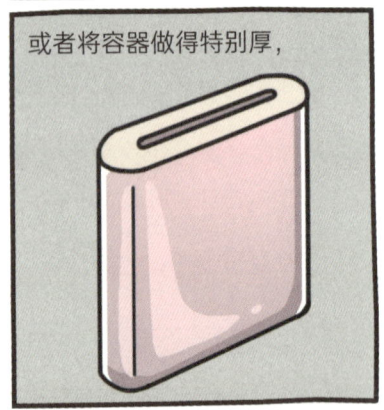

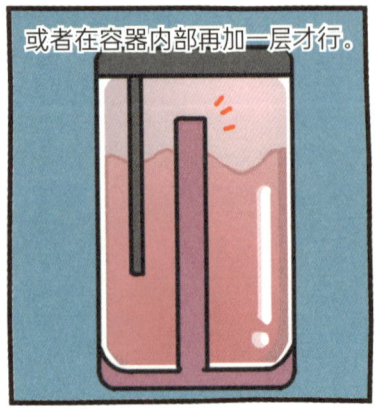

所以容器会承受很大的压力。	圆柱形的容器能更好地承受压力，因为力量被分散了。	你没忘记飞机窗户是圆形的原因吧？和这个一样。
但是因为打火机容器是四角圆润的方形，	所以在这种压力下，平坦的部位可能会膨胀起来，	稍有不慎就有可能爆炸！
为了避免这种事情的发生，	必须将打火机做成圆柱形，	或者将容器做得特别厚，
或者在容器内部再加一层才行。	为了方便携带，	所以在容器内加了一层。

哎呀呀！

我为什么会这样！求求你！救救我！

膨胀

砰！

唉！怎么能卖这种残次品！

但是为什么加固层没有填充到头呢？是为了节约吗？

假如加固到头的话，
如果加固
到头的话，
那我怎么办！
液体丁烷就无法流动了，
哼
所以保留下了部分空间。
原来如此，所以才
需要空余空间啊。
人们看到加固层的时候，
感觉就像一个隔板一样，
所以会被误认为是隔板。
看起来
就是一个隔
板嘛。
还有一件事情！
如果没有隔板，打火机时不时
就会膨胀爆炸。
膨
胀
想要销售打火机，必须先通过
安全测试，
如果想卖，
必须先通过
测试！
为了能通过所有测试，
不合格
不合格
合格
就在容器内追加了隔板。
我需要
隔板！
不合格
也因此，人们才能更安全地
使用打火机！

问题 51
蜂窝煤上为什么有洞?

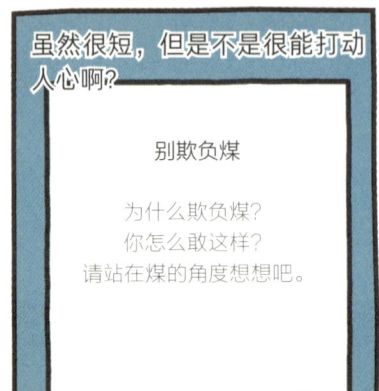

为什么欺负煤?

你怎么敢这样?

请站在煤的角度想想吧。

这是我自己写的诗,怎么样?

虽然很短,但是不是很能打动人心啊?

别欺负煤

为什么欺负煤?
你怎么敢这样?
请站在煤的角度想想吧。

为了人们,燃烧自己的身体,最终只留下一堆煤灰,真可怜啊。

好凄凉。

不过……

原来它这么努力啊。

蜂窝煤上为什么会有洞呢?

我实在太好奇了,这么密集的洞。

你读了诗之后的感想就是这个吗?!

人类怎么能这样!

什么东西都三分钟热度!过一会儿就呼啦啦全忘了!

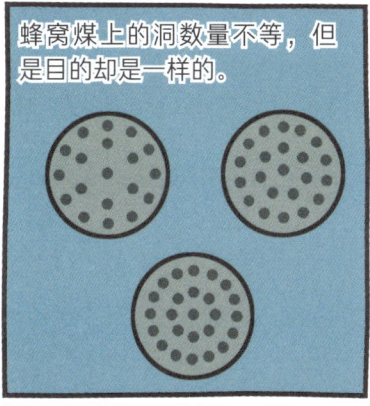

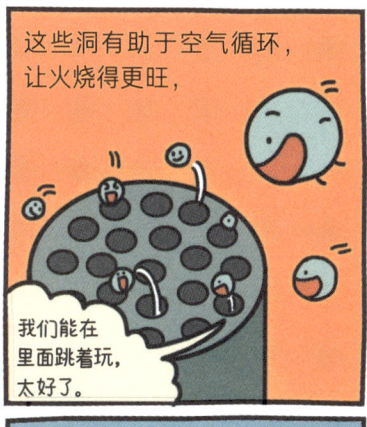

你问我为什么蜂窝煤上有洞?	好!正好趁此机会,我来告诉你!	世界上哪儿还有人比我更懂蜂窝煤呢? 你说的对。
蜂窝煤上的洞数量不等,但是目的却是一样的。	那就是为了让火苗烧得更旺,燃烧的时间更长! 火力强劲,时间长!	这些洞有助于空气循环,让火烧得更旺, 我们能在里面跳着玩,太好了。
让火苗更均匀,	这样就能让火力更大, 长袖太热了,马上拿短袖来! 现在都热得受不了。	蜂窝煤燃烧的时间更长。 足足长达8个小时!
想象一下,如果蜂窝煤上没有洞的话,火苗只会在表面燃烧,	那样很快就熄灭了, 一点力气都使不出来了。	而蜂窝煤里面却全都没能烧到。这么看来,蜂窝煤的洞也不是白加的。 完 好

问题 52
微波炉里为什么有旋转托盘?

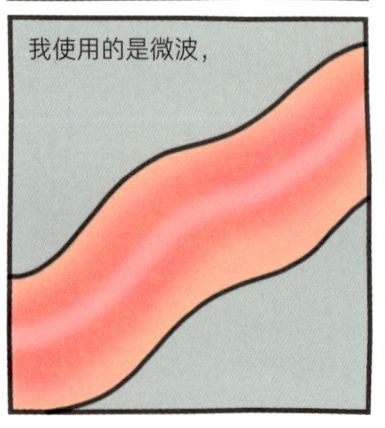

你好!我是微波炉!

如果把食物放到我的身体内

并旋转的话,

转圈圈

叮!

好烫啊!

热气

不过,你知道为什么要转动放到我身体里的这些家伙吗?

不知道!

这个嘛,只是为了受热均匀!

啊!真的?

我加热食物的时候不使用火,

真的吗?

也不像电炉那样,使用烧热的金属加热。

真的吗?

我使用的是微波,

发出人肉眼看不到的波,

我不知道发生了什么事。

以此来加热食物。

不过只要把我的比萨加热了就行。

当我们运动时会发生什么呢？
身体会发热吧？
放进微波炉里的食物在微波辐射下，
啊啊啊
啊——
食物里包含的非常小的水颗粒，
开始剧烈抖动。
身体抖个不停！
由于抖动剧烈，热量产生了。
啊啊啊啊啊啊啊啊啊！
抖
抖
抖
你觉得不可能？
停。你别说了，这不可能！
如果1秒内抖动多达24亿5千万次，那热量可就不容小觑了。
抖抖抖抖
啊啊啊啊！
抖抖抖抖
不过，微波存在着能量最大的点和最小的点，
能量在最小点处几乎不会产生热量，
啊？现在我什么事都没有了？
所以只能不停转动食物，
转起来了！
不然食物有些部位热了，有些部位却还是冰凉的！
就像我这样。

问题 53
磁悬浮列车为什么没有轮子？

你好，我是火车！

虽然同样是火车，但是不觉得我和其他火车有一点不一样吗？

形状？

颜色？

噢，我知道了！原来是今天洗车了！唰 唰

错！全都错了！

我没有轮子啦！你怎么连这个都不知道？

你要是还这样，以后就别坐我了！

原来是这样啊。对、对不起。我错了。

咳！这次就放过你，要是还有下次，那就不给你坐了。

不过，火车怎么会没有轮子呢？

这个嘛，因为我是磁悬浮列车啊！

噔！

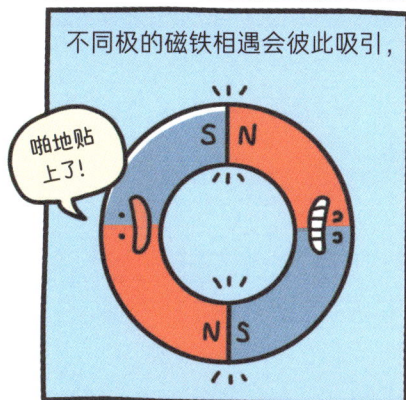

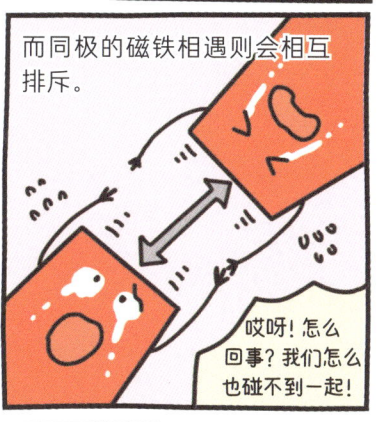

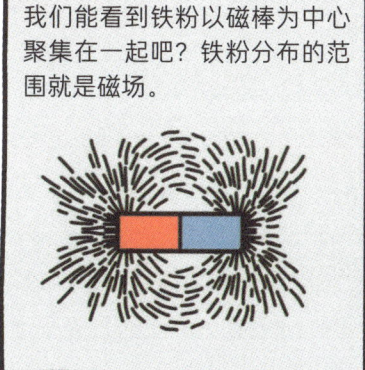

我并不是沿着铁轨，通过轮子滚动来前进的，	而是悬浮在轨道上方前行的，所以并不需要轮子。	总而言之，可以把我看作在空中奔驰的火车！
我使用的不是轮子而是磁场。	磁铁具有磁性， 不会连磁铁都不知道吧？	能吸引铁，
不同极的磁铁相遇会彼此吸引， 啪地贴上了！	而同极的磁铁相遇则会相互排斥。 哎呀！怎么回事？我们怎么也碰不到一起！	磁场就是指磁性所影响的空间。 我的力量所触及的地方就是磁场！
往磁铁周围撒上铁粉就能看到磁场了。 这是怎么回事！ 呼啦啦	我们能看到铁粉以磁棒为中心聚集在一起吧？铁粉分布的范围就是磁场。	不过磁场并不一定只存在于磁铁里。 也就是说…… 你到底要说什么？

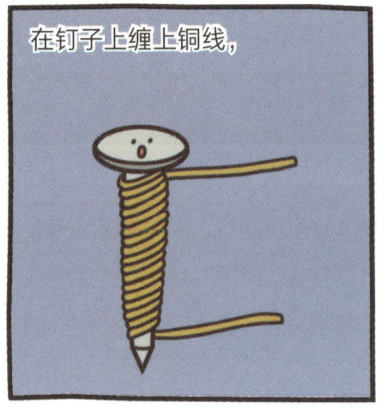

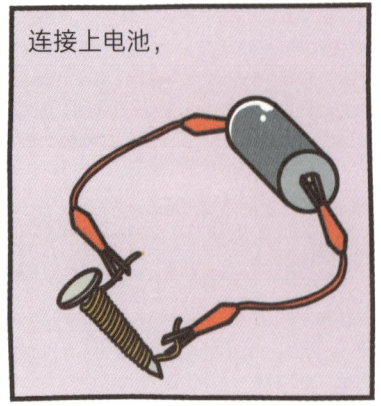

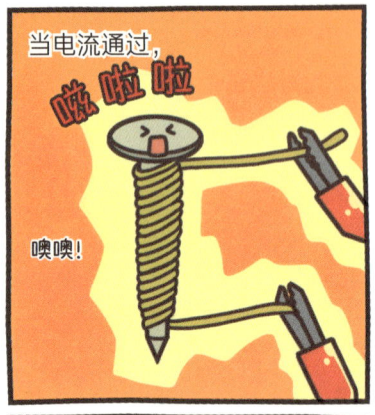

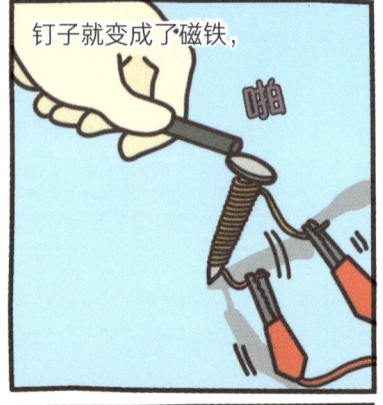

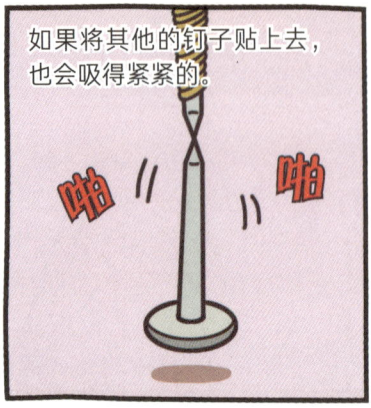

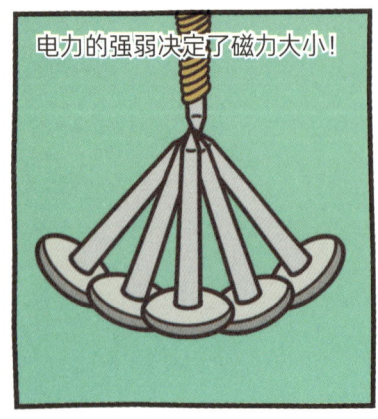

电也能制造出磁场来！	在钉子上缠上铜线，	连接上电池，
当电流通过， 磁啦啦 噢噢！	钉子就变成了磁铁， 啪	于是原本不存在的磁场就产生了。 电可太伟大了！能创造出原本没有的东西来！
如果将其他的钉子贴上去，也会吸得紧紧的。 啪 啪	如果使用更大容量的电池，或者将几节电池连接起来，	钉子的磁力也会相应增强。 啊啊啊！
电力的强弱决定了磁力大小！	所以只要有强电力，	重达数十吨的火车也能浮起来。 就像我这样！

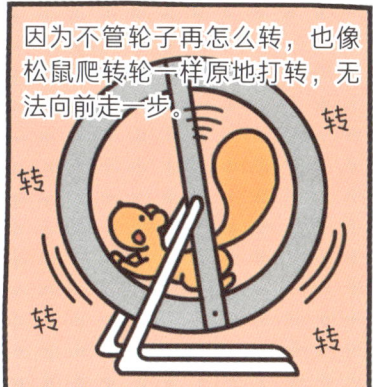

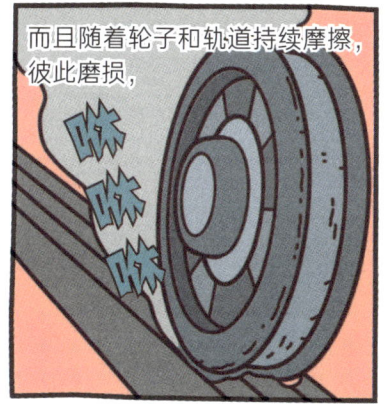

如果火车悬浮在空中，自然就不需要轮子了。 轮子？那个东西没有任何意义。	因为不管轮子再怎么转，也像松鼠爬转轮一样原地打转，无法向前走一步。 转 转 转 转	轮子在空中打转，火车能往前走吗？ 即便我转一辈子也不能前进1毫米！
但是，火车悬浮在空中有什么好处呢？ 就只是感到新奇不是吗？	（插图）	怒火 不管有没有轮子，都没有什么不同嘛。
完全错误！	一般的火车只有轮子和轨道咬合好，车才能移动。	因为两者接触会产生摩擦力， 嘎吱！
所以火车的速度会受到限制。 再快就不行了！到达极限了！	而且随着轮子和轨道持续摩擦，彼此磨损， 咻咻咻	没准哪天就得更换新轮子。

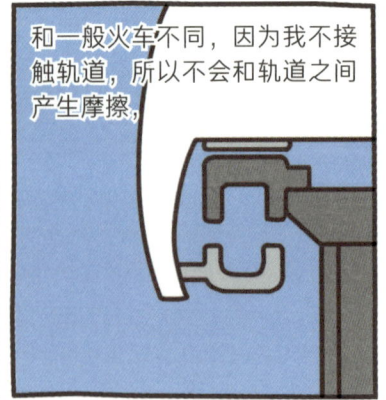

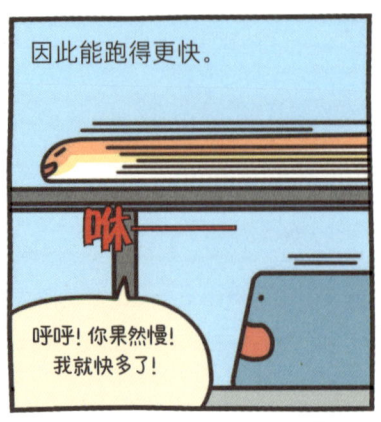

这笔费用非常巨大。	和一般火车不同，因为我不接触轨道，所以不会和轨道之间产生摩擦，	因此能跑得更快。 呼呼！你果然慢！我就快多了！
因为没有磨损，所以更换费用也很少。 几乎不需要更换！	噪声也很小， 刚才似乎有什么东西经过？	火车的出发、停止、快慢全都由电力的强弱来调节， 我是不是很厉害。
控制起来也很简单。	而且要么是列车包裹着轨道，	要么是轨道包裹着列车，
即便以高速行驶，也不用担心火车脱离轨道。 不管多快也不用担心！	这样你还觉得我是一般火车吗？	坦白说，我怎么样？是不是很棒？

问题 54
为什么给牛的鼻子上戴鼻环?

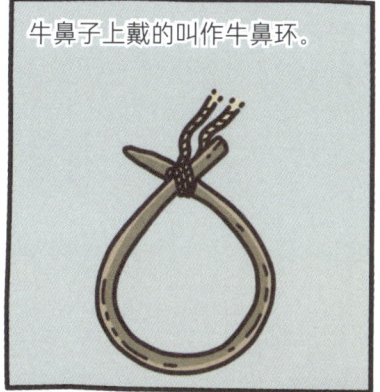

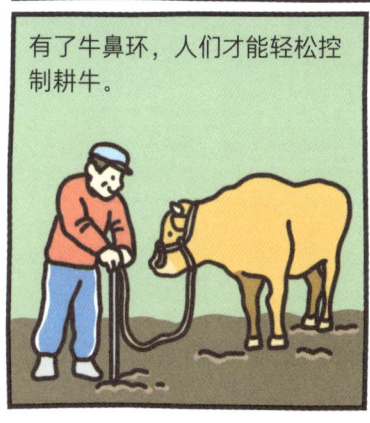

近年来,耕耘机、

拖拉机等,

做了全部农活,所以很难见到耕牛了。

以前,在农村常常能看到鼻子上戴着什么东西努力干活的牛。

牛鼻子上戴的叫作牛鼻环。

戴着鼻环干农活多不方便,为什么要给牛戴呢?

而且在鼻子上钻孔的时候牛该多疼啊。

没关系的!不戴牛鼻环就没法儿干活了!

有了牛鼻环,人们才能轻松控制耕牛。

牛的力气很大,

而且还很固执,所以很难管束。

讨厌!我从现在开始不干了!

人们也把非常固执的人,

叫作牛脾气。	曾经有一个人，硬要没有戴牛鼻环的牛干活， "好了，好了。我们牛最善良！现在我们来干活吧。"	有一天被牛撞倒了， "别再说胡话了！"
在田间死去，变成了地里的肥料。	世界上有多少想干活的牛呢？ 牛也想舒舒服服地歇着！	但如果戴上了鼻环，即便牛想耍倔， "哎！你居然敢不听我的话！"
只要拉扯牛鼻环，因为疼痛， "知道了！我知道了！"	牛就会乖乖地听人们的话了。 "没错，干得漂亮！"	而且只有戴上鼻环，牛才能轻松找到方向，
按照人们的意愿活动。	也就是说，只有戴上鼻环，才能成为对人们来说结实可靠的劳动牛！	现在，我要去干活了！我还有很多堆积的农活要干呢！

问题 55
玄武岩上为什么有密密麻麻的小孔？

你看到过像我这样有很多小孔的石头吗？	几乎没有吧？	我叫玄武岩，大概长这个样子。
你想问我为什么身体上有很多小孔？	那是很久以前的事了。我原本是火山里的岩浆。	有一天火山爆发，曾是岩浆的我变成熔岩流出来。

变成熔岩的我往山下流去，将一切燃烧殆尽，

咕咕咕咕！ 咕叽！咕叽！ 咕叽！

最后逐渐冷却变成了石头。	其间我身体里的气泡开始往外迸发！同时还有一些气泡就留在了体内！	所以我全身遍布着密密麻麻的小孔。怎么样？是不是很神奇！

175

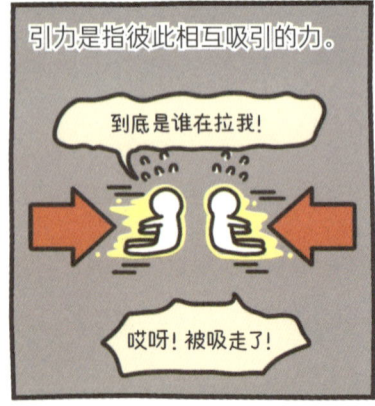

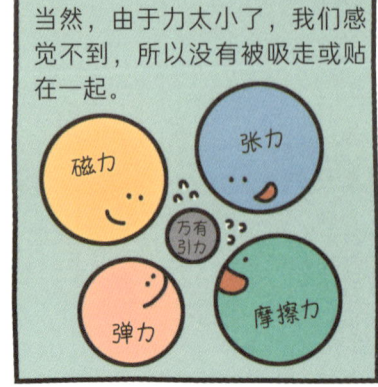

问题 56
星星为什么是圆的?

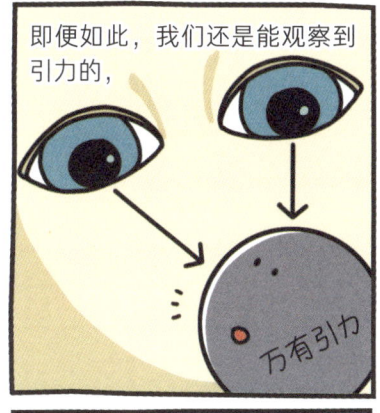

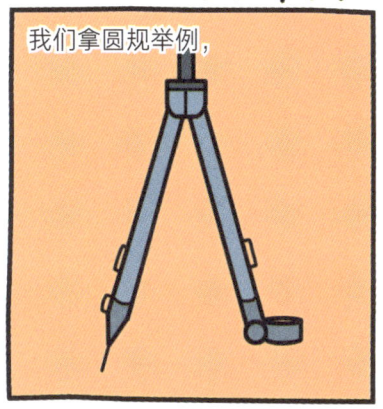

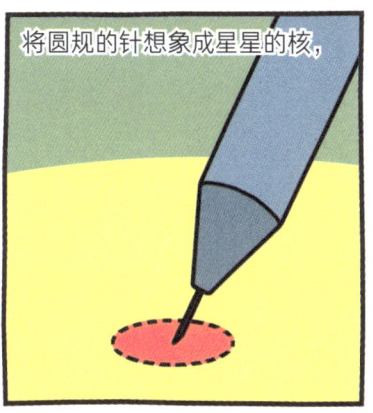

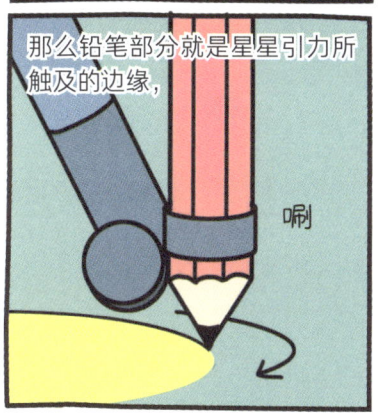

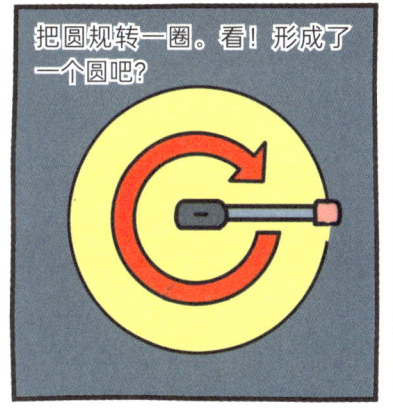

即便如此，我们还是能观察到引力的，	那就是所有的物体都会落向地面！	因为引力作用于地球和所有物体之间，所以会这样。
不过星星是圆的和引力有什么关系呢？	我们拿圆规举例，	将圆规的针想象成星星的核，
那么铅笔部分就是星星引力所触及的边缘，	把圆规转一圈。看！形成了一个圆吧？	因为引力的方向指向地心，所以就会变成以核为中心的圆球！
绝对！	不可能出现！	这些样子的星星！知道了吗？

问题 57
电动汽车的电池为什么有很多种样子？

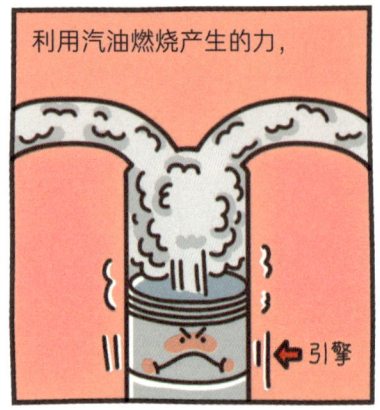

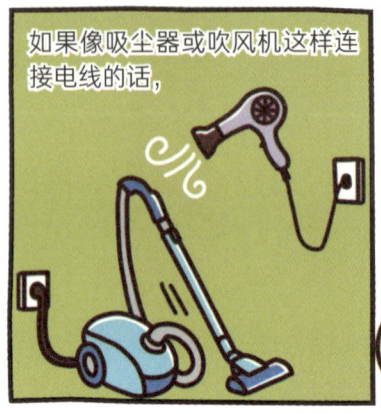

要让汽车移动，必须转动轮胎，

> 只有我转动，汽车才能移动！

要让轮胎旋转，就需要能量。

> 就像人们吃了饭才有力气一样，我们也需要一些东西。

一般汽车使用的是汽油，

利用汽油燃烧产生的力，

带动轮胎旋转。

← 引擎

也有使用电力的汽车。

> 像我们这样使用电力的汽车叫作电动汽车！

使用电力转动发动机，

连接发动机的轮胎也会随之转动。

一般汽车会在燃料箱里装汽油，

那电动汽车的电装在哪里呢？

如果像吸尘器或吹风机这样连接电线的话，

那车就没法儿移动了。

> 要不就这样去路上试试？

> 哎哟，那样就得变成废车了。

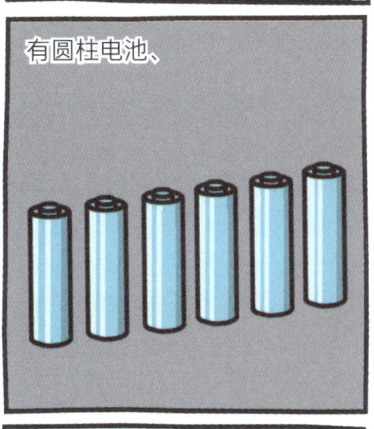

电动汽车里装着的是电池， *这样才能安全行驶嘛！*	就和不连接电线也能使用的手机或平板电脑一样。 *原来电动汽车也和我们一样啊？* *是啊。*	不过电动汽车有一点比较特别，那就是每种车的电池都不同。 *你是说我和你的电池不一样吗？* *嗯！*
有圆柱电池、	方形电池、	软包电池，光电池就足足有3种。
电动汽车的电池，为什么有这么多呢？ *赶紧给我一五一十如实说来！不然我就成废车了！* *你应该问汽车公司呀，为什么问我！*	这是因为每种电池都有其优缺点， *我们的优缺点很清楚！*	所以每个汽车公司采用的电池也不同！ *选什么样的电池好呢？*
圆柱电池长得就像干电池，大小也接近，或者比干电池稍微大一点。 *这么小的你怎么能让汽车运转呢？* *不只是我。*	使用圆柱电池的电动汽车，一台就需要装上千个电池。 *我们在这里！*	圆柱电池价格低廉， *所有电池里我最便宜！* *便宜没好货呗！*

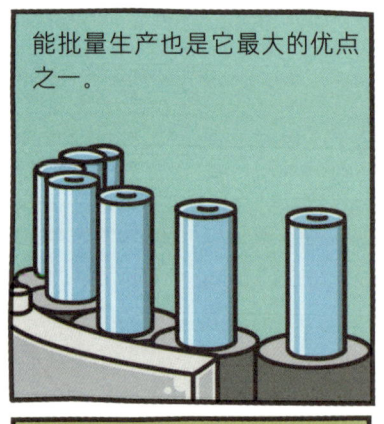

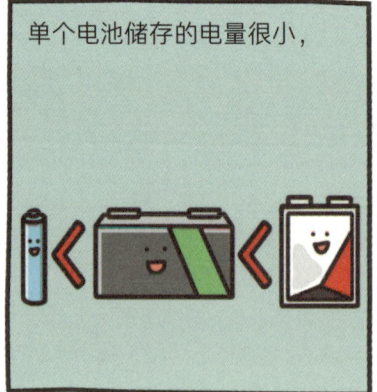

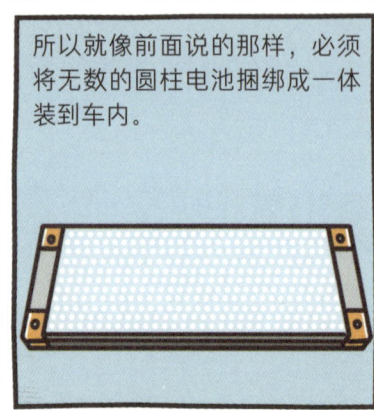

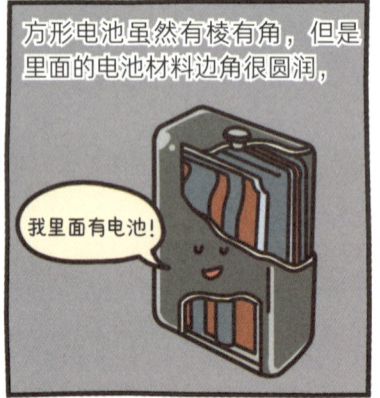

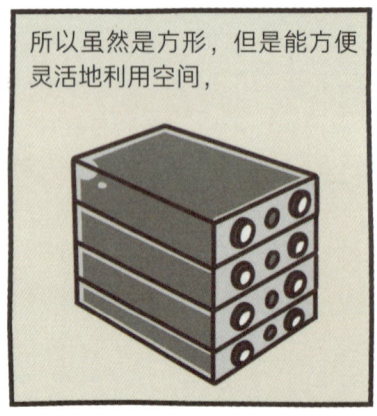

能批量生产也是它最大的优点之一。	单个电池储存的电量很小，	但车需要的电量却非常多。
但圆柱电池又很难做大，	这种技术至今还没开发出来。 博士！我也想变大！ 那个，现在技术恐怕还……	所以就像前面说的那样，必须将无数的圆柱电池捆绑成一体装到车内。
电池个数越多，生产过程中产生的费用也就越昂贵。 明明一个电池的价格很便宜，这怎么这么贵？ 顾客，虽然单个电池便宜，但是捆一起放进去可是很难的。	方形电池虽然有棱有角，但是里面的电池材料边角很圆润， 我里面有电池！	所以虽然是方形，但是能方便灵活地利用空间，
装到汽车里也非常容易。	而且因为是铝制，所以很结实，	即使发生车祸也不会出大问题，安全性非常好。

而且和圆柱电池一样，可以大批量生产，
制造起来也非常容易。
方形电池吗？我很喜欢！
不过，方形电池非常重，
这么重汽车能走吗？
如果真这么重会影响汽车的速度啊。
储存的电量小，
尺寸这么大，为什么只能装这么点电量呢？
方形电池边角是弧形的，
所以内部会剩下许多空间，
因此支持汽车的行驶距离相对缩短了。
相同的空间，更少的能量，怎么可能跑得更远呢！
它还有一个缺点，那就是电池散发的热量不能很好地释放，
啊啊，太热了！
救我！太热了！快死了！
为什么会这样呢？
咻
软包电池是由一层薄膜包裹的电池。
在制作电池的时候，先将电池材料堆放完成后，
先制作内部，包装是之后的事！

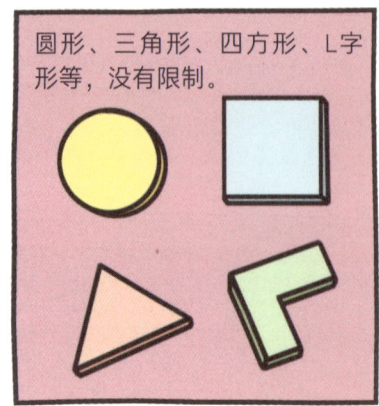

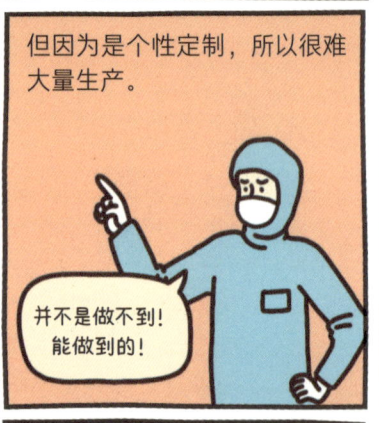

再进行包装，所以电量非常大。	而且可以做出想要的各种形状。	圆形、三角形、四方形、L字形等，没有限制。
但因为是个性定制，所以很难大量生产。 并不是做不到！能做到的！	价格太昂贵也是其缺点之一。 当然能做！只要多给钱的话！ 呃。	如上所述，不同形状的电池，优缺点非常明显。 我更好！ 不，我更好！
虽然电动车的电池不同，但它们都不会排放尾气。 得快点发展技术才行，不然你们该多累呀。	因为普通汽车排出的尾气	伤害到了地球，
所以电动汽车应运而生了。 大家放心吧！电动汽车来了！	目前电池的情况就是这样。 这种车我不坐！因为跑不远嘛！ 没错！充电需要的时间还长！	看来得快点制造出只有优点的电池来。 走着瞧！总有一天，我会以完美汽车的面貌重新站在你们面前！

왜 이런 모양일까? (2)

Copyright © 2021 by Old Stairs Editorial team
All rights reserved.
Simplified Chinese copyright © 2024 by PUBLISHING HOUSE OF ELECTRONICS INDUSTRY
This Simplified Chinese edition was published by arrangement with Old Stairs through Agency Liang

本书中文简体版专有出版权由Old Stairs通过Agency Liang授予电子工业出版社，未经许可，不得以任何方式复制或抄袭本书的任何部分。

版权贸易合同登记号　图字：01-2023-2279

图书在版编目（CIP）数据

降落伞上为什么有洞？：藏在外表下的科学. ② / 韩国Old Stairs编辑部著；胡梅丽等译. --北京：电子工业出版社，2024.1
ISBN 978-7-121-46774-5

Ⅰ.①降… Ⅱ.①韩… ②胡… Ⅲ.①科学知识—少儿读物 Ⅳ.①Z228.1

中国国家版本馆CIP数据核字（2023）第239430号

参与本书翻译的还有马巍。

责任编辑：张莉莉
印　　刷：河北迅捷佳彩印刷有限公司
装　　订：河北迅捷佳彩印刷有限公司
出版发行：电子工业出版社
　　　　　北京市海淀区万寿路173信箱　邮编：100036
开　　本：889×1194　1/16　印张：22.75　字数：590.4千字
版　　次：2024年1月第1版
印　　次：2024年5月第2次印刷
定　　价：150.00元（全2册）

凡所购买电子工业出版社图书有缺损问题，请向购买书店调换。若书店售缺，请与本社发行部联系，联系及邮购电话：（010）88254888，88258888。
质量投诉请发邮件至zlts@phei.com.cn，盗版侵权举报请发邮件至dbqq@phei.com.cn。
本书咨询联系方式：（010）88254161转1835。